U0573835

全民阅读
中华优秀传统文化经典系列
刘苍劲　丛书主编

千家诗

宋·谢枋得　明·王相　选编
邓启铜　诸华　注释
昌庆志　陈彦廷　导读
王珏昕　李羿翥　等　配音

北京师范大学出版集团
BEIJING NORMAL UNIVERSITY PUBLISHING GROUP
北京师范大学出版社

图书在版编目(CIP)数据

千家诗 . 邓启铜，诸华注释. —北京：北京师范大学出版社，
2019.1
(中华优秀传统文化经典系列)
ISBN 978-7-303-23093-8

Ⅰ. ①千… Ⅱ. ①邓… ②诸… Ⅲ. ①古典诗歌－诗集－中国
②《千家诗》－注释 Ⅳ. ①I222.72

中国版本图书馆 CIP 数据核字(2017)第 289885 号

营 销 中 心 电 话　010-58805072　58807651
北师大出版社高等教育与学术著作分社　http://xueda.bnup.com

QIAN JIA SHI

出版发行：北京师范大学出版社 www.bnup.com
　　　　　北京市海淀区新街口外大街 19 号
　　　　　邮政编码：100875
印　　刷：三河市兴达印务有限公司
经　　销：全国新华书店
开　　本：787 mm×1092 mm　1/16
印　　张：16
字　　数：260 千字
版　　次：2019 年 1 月第 1 版
印　　次：2019 年 1 月第 1 次印刷
定　　价：45.00 元

策划编辑：祁传华　魏家坚　　　责任编辑：王　蕊
美术编辑：王齐云　　　　　　　　装帧设计：王齐云
责任校对：陈　民　　　　　　　　责任印制：马　洁

继承和弘扬中华优秀传统文化
大力加强社会主义核心价值观教育

中华文化源远流长、灿烂辉煌。在五千多年文明发展中孕育的中华优秀传统文化，积淀着中华民族最深沉的精神追求，代表着中华民族独特的精神标识，是中华民族生生不息、发展壮大的丰厚滋养，是中国特色社会主义植根的文化沃土，是当代中国发展的突出优势，对延续和发展中华文明、促进人类文明进步，发挥着重要作用。

中共十八大以来，以习近平总书记为核心的党中央高度重视中华优秀传统文化的传承发展，始终从中华民族最深沉精神追求的深度看待优秀传统文化，从国家战略资源的高度继承优秀传统文化，从推动中华民族现代化进程的角度创新发展优秀传统文化，使之成为实现"两个一百年"奋斗目标和中华民族伟大复兴中国梦的根本性力量。习近平总书记指出："一个国家、一个民族的强盛，总是以文化兴盛为支撑的，中华民族伟大复兴需要以中华文化发展繁荣为条件。""中华传统文化博大精深，学习和掌握其中的各种思想精华，对树立正确的世界观、人生观、价值观很有益处。"

中华文化独一无二的理念、智慧、气度、神韵，增添了中国人民和中华民族内心深处的自信和自豪，也孕育培养了悠久的文化传统和富有价值的文化因子。传承发展中华优秀传统文化，就要大力弘扬讲仁爱、重民本、守诚信、崇正义、尚和合、求大同等核心思想理念，就要大力弘扬自强不息、敬业乐群、扶危济困、见义勇为、孝老爱亲等中华传统美德，就要大力弘扬有利于促进社会和谐、鼓励人们向上向善的思想文化内容。当前，我们强调培育和弘扬社会主义核心价值观，必须立足中华优秀传统文化，使中华优秀传统文化成为涵养社会主义核心价值观的重要源泉。核心价值理念往往与文化传统与文化积淀息息相关、一脉相承。社会主义核心价值观充分体现了对中华优秀传统文化的继承和升华。"富强、民主、文明、和谐，自由、平等、公正、法治，爱国、敬业、诚信、友善"的社会主义核心价值观,既深刻反映了社会主义中国的价值理念,更是五千年中华优秀传统文化的传承与发展。将中华优秀传统文化作为社会主义核心价值观教育的重要素材,以中华优秀传统文化涵养社会主义核心价值观,是明确文化渊源和民族文魄,树立文化自信和价值观自信,走好中国道路和讲好中国故事的必然要求。

2017年1月,中共中央办公厅、国务院办公厅印发了《关于实施中华优秀传统文化传承发展工程的意见》,将实施中华优秀传统文化传承发展工程上升到建设社会主义文化强国的重大战略任务的高度,力图在全社会形成重视中华优秀传统文化、学习弘扬中华优秀传统文化的氛围。由刘苍劲教授组织广东省上百位专家学者历时三年主编的这套"全民阅读·中华优秀传统文化经典系列"丛书,是广东省贯彻落实习近平总书记关于大力弘扬中华优秀传统文化系列讲话精神的重大举措,是具有广东特色、岭南气派的文化大工程。该套丛书真正体现了全民阅读的需要,每本经典都配有标准的拼音、专业的注释、精美的诵读,使不同阶层、不同文化、不同年龄、不同专业的中国人都可以读懂、读通、读透这些经典。通过客观、公正的导读指导,有机会阅读该丛书的读者都能够在阅读中华优秀传统文化经典中受到历史、政治、科学、人文、道德等多方面的启迪,在阅读中弘扬、在阅读中继承、在阅读中扬弃,从而实现树立社会主义核心价值观的目的。

该丛书质量精良,选题准确,导读科学,值得推荐,是为序。

刘苍劲

2018年6月

元刊本《分门纂类唐宋时贤千家诗选》卷首牌记

　　曾遍览诸家诗集，大抵尚时贤而遗唐宋，遂使时人起美玉韫匮之讥，兴玉石混淆之叹。今得后村先生集撰《唐宋时贤五七言诗选》，随事分百有馀类，随类分唐宋时贤三家，总是题咏，无一闲话，真诗中之无价宝也。不惟助骚人之唱和，亦可供童辈之习读，故名曰《千家诗选》。同辈有志于斯，为之一览，使余无抱璞之恨耳。幸鉴。

流水断桥人唤渡
柳阴撑出小舟来

唐人诗意图　明·陆　治

目录

七言律诗 /99

五言律诗 /193

导　读

昌庆志　陈彦廷

说到中国诗歌，人们首先会想到唐诗。而唐诗中最为后人重视的，又是其中的格律诗。格律诗是在唐代才发展成熟的新体诗。早在南朝齐武帝永明年间，以沈约为首的一批文人，就根据汉语具有四声和双声叠韵等特点，研究诗的声、韵、调的配合，提出了诗歌创作要避免"八病"的主张，并在他们的诗歌创作中实践这种主张。他们创作出的新体诗，被后人称为"永明体"。从齐永明至陈的百余年间，包括沈约、谢朓、吴均、何逊、徐陵、庾信等人对新体诗创作不断进行尝试，为唐代格律诗的产生和发展奠定了基础。到了唐初，经过沈佺期、宋之问等人的努力，讲究平仄对仗等形式的格律诗终于出现并走向成熟。

格律诗的出现，代表了当时诗歌艺术形态发展上的最新成就，受到朝野上下的高度重视。唐代科举考试中影响最大的进士科考试，考的便是格律诗写作。因此，唐人在格律诗创作领域取得重大成就，甚至超过任何其他文体创作领域的成就，是势所必然的。以格律诗为主的唐诗被后人称为唐代文学的代表，是没有任何争议的。

格律诗产生以后，中国古代诗歌就没再出现艺术形态上的飞跃发展了。那么，唐代以后，中国古代诗歌是不是就没再取得过重大成就呢？答案是否定的。文学必然反映社会生活，诗歌的内容与社会形态关系极大。唐代是贵族社会慢慢转型为平民社会的时代，至宋代中国的平民社会才完全形成，此后一直未变。"诗分唐宋"，格律诗的发展经历了"唐型诗"与"宋型诗"两个阶段。唐型诗如青年充满青春的活力，如春花般绚丽夺目；宋型诗如中年充满智慧，如秋月般沉静明澈。

唐、宋两型格律诗的艺术魅力，受到后世学者的高度重视。学者们纷纷从唐宋格律诗中汲取艺术营养，还有人选编唐宋格律诗作为子弟学习的教材。《千家诗》就是明清时期流行的选编唐宋格律诗而成的启蒙教材。

今天的通行本《千家诗》定型于清代，由《七言千家诗》和《五言千家诗》两部分组成。《七言千家诗》相传为宋末谢枋得编选，但七律中有明朝宁献王朱权的《送天师》、明世宗朱厚熜的《送毛伯温》两首诗，因此具体何时成书、何人编选已经难以确定，但可断定它在明代曾经盛行于世。到了明末清初，启蒙教育家王相为《七言千家诗》作注，还编注唐代五言诗为《新镌五言千家诗》。《七言千家诗》有浓厚的崇尚宋诗的倾向，而《五言千家诗》所选全为唐诗。后人将两书合刊，总称为《千家诗》，即今天通行本的《千家诗》。

《千家诗》选诗家122人，唐代65家，宋代52家，五代1家，明代2家，无从查考年代的无名氏作者2家，共选诗226首。它的编排顺序比较特殊，不是按诗人生活的时代排序，而是按诗歌内容所反映的时间顺序。它所选作品大都为唐宋格律诗中的经典篇目，语言通俗易懂，题材大体为山水田园、赠友送别、思乡怀人、吊古伤今、咏物题画、侍宴应制等。

作为初学者启蒙教材的《千家诗》，在历史上为传承优秀的中华传统文化做出了贡献。在大力弘扬中华优秀传统文化的今天，给《千家诗》作注音、注释和导读，是与时俱进的，是顺势而为的，此举必将为中国社会文化建设做出新的贡献，并给世界文化交流带来福音。

七言绝句

根据每句的字数，绝句可分为五言绝句和七句绝句两种，分别简称为"五绝""七绝"。有人说绝句也叫"截句"，意即从四联八句的律诗中截取任意两联而成。这样，绝句的每联，既可对仗，也可不对仗。针对绝句为"截句"的说法，王夫之在《姜斋诗话》中讥其为"断头刖足为刑人"。

实际上，绝句应该比律诗出现得更早。绝句表现形式为二联四句。此表现形式，魏晋以前多有，然而从体裁上讲应属古诗。汉魏时代，有古诗，有乐府，其中有三言、四言、七言等杂言诗，也不必为四句，这些古诗可能是后世绝句的雏形。南北朝时期，一首四句的古诗多了起来，尤其是"永明体"诗人的七言四句诗和南朝民歌中的五言四句诗，已经与绝句非常接近了，可称之为"类绝句体诗"。到了初唐，诗人们讲究每句平仄交替出现，并大体归纳为四种基本类型，绝句就在"类绝句体诗"的基础上产生了。

从诗体发展的角度看，"截句"之说固然无理。但是，无论是认识绝句的体式特征还是进行模拟创作，此说对初学者都是十分有用的。它从形式上概括了绝句的特点。

《千家诗》首列七言绝句作品一卷，对作品的编排，明显是按作品内容所反映的时间编次的。编者大致先定春、夏、秋、冬次序，次定白天、黑夜次序，最后才定平日、节日次序。然而，它以两首宋代理学家的诗冠于卷首，或许可以认为选编者不仅在诗学主张上崇尚宋诗，在思想领域也尊崇宋代理学。

该卷里的多数篇章是诗人们流连光景、感悟自然之作，如杜甫的《绝句》"两个黄鹂鸣翠柳，一行白鹭上青天。窗含西岭千秋雪，门泊东吴万里船"，王安石的《春夜》"金炉香尽漏声残，剪剪轻风阵阵寒。春色恼人眠不得，月移花影上栏杆"。两首诗所写景象逼真，诗人的感受也是细致入微的。该卷也有一些与节日、节气关联的作品，如王安石的《元日》、苏轼的《上元侍宴》、张栻的《立春偶成》、杜牧的《清明》、王禹偁的《清明》等。此外，该卷还收录了一些政治讽喻诗，如刘禹锡《玄都观桃花》《再游玄都观》等，也有思乡怀人、酬唱赠别之作。总之，该卷作品题材多样，此处不一一列举。

值得一提的是，卷末有一首无名氏的《题壁》，初读似乎是打油诗，但打油诗的语言却道出了深刻的哲理：茅草在野地燃烧起来虽然一时之间火焰冲天，但转眼就烟消云散了；榾柮放在炉子里烧起来是细细的火，但可以持久地给人取暖。此诗寓意不可谓不深。作者将它选编入卷，还是颇有眼光的。

1

chūn rì ǒu chéng
春日偶成 ①

sòng chéng hào
宋·程 颢

yún dàn fēng qīng jìn wǔ tiān　bàng huā suí liǔ guò qián chuān
云淡风轻近午天，傍花随柳过前川。②

shí rén bù shí yú xīn lè　jiāng wèi tōu xián xué shào nián
时人不识余心乐，将谓偷闲学少年。③

注释：①偶成：偶然有所感而作成。②午天：中午。随：顺着，沿着。川：低而平坦之地。③时人：当时的人。余：我。将谓：以为，认为。偷闲：挤出空闲的时间。

《明解增和千家诗注》之《明道游春》

2

chūn rì
春 日

sòng zhū xī
宋·朱熹

shèng rì xún fāng sì shuǐ bīn　wú biān guāng jǐng yì shí xīn
胜日寻芳泗水滨，无边光景一时新。①

děng xián shí dé dōng fēng miàn　wàn zǐ qiān hóng zǒng shì chūn
等闲识得东风面，万紫千红总是春。②

注释：①**胜日：**风光美好的日子。**寻芳：**游赏美景。**泗水：**水名，流经山东泗水、曲阜等地。**滨：**水边。②**等闲：**随便地，不经意地。**识得：**见到。**东风面：**春天的面貌。东风指春风，这里代指春天。

《明解增和千家诗注》之《文公题春景》

3 春宵①
chūn xiāo

宋·苏轼
sòng sū shì

chūn xiāo yí kè zhí qiān jīn　huā yǒu qīng xiāng yuè yǒu yīn
春宵一刻值千金,花有清香月有阴。②

gē guǎn lóu tái shēng xì xì　qiū qiān yuàn luò yè chén chén
歌管楼台声细细,秋千院落夜沉沉。③

注释:①**春宵**:春夜。②**刻**:计时单位。古代以漏壶计时,一昼夜为一百刻。汉哀帝建平二年(公元前5年)分昼夜为一百二十刻。梁武帝天监年间,分昼夜为九十六刻。这里以"一刻"说明时间的短暂。**阴**:影。③**歌管**:谓唱歌奏乐。"歌",指歌曲。"管",指乐器,指笙箫一类,这里指代奏乐。**细细**:声音幽清。

春宵诗意图　明·佚名

4

chéng dōng zǎo chūn

城东早春 ①

唐·杨巨源

shī jiā qīng jǐng zài xīn chūn　lù liǔ cái huáng bàn wèi yún

诗家清景在新春，绿柳才黄半未匀。②

ruò dài shàng lín huā sì jǐn　chū mén jù shì kàn huā rén

若待上林花似锦，出门俱是看花人。③

注释：①城：此处指京城长安。②景：清丽的景色。匀：均匀。③上林：汉代宫苑名，建于秦，汉初荒废，汉武帝时加以扩充重建。在西安市西及周至县、户县的交界处。这里借指唐代长安的花园。俱：都，皆。

柳下晓妆图（局部）清·陈崇光

5 春夜^①
chūn yè

宋·王安石
sòng wáng ān shí

jīn lú xiāng jìn lòu shēng cán　jiǎn jiǎn qīng fēng zhèn zhèn hán
金炉香烬漏声残,剪剪轻风阵阵寒。^②

chūn sè nǎo rén mián bù dé　yuè yí huā yǐng shàng lán gān
春色恼人眠不得,月移花影上栏杆。^③

注释:①诗题一作《夜直》。直通值,夜直即夜晚在学士院值班。②香烬:香已烧成了灰烬。漏:计时用的漏壶。播水壶有小孔滴水,流入受水壶。受水壶里有带刻度的立箭,随水上升,露出刻度以表示时间。剪剪:形容风轻微而清冷。③恼人:扰乱人的心神。栏杆:亦作栏干。

春夜诗意图　明·佚　名

6

chū chūn xiǎo yǔ
初春小雨 ①

táng hán yù
唐·韩愈

tiān jiē xiǎo yǔ rùn rú sū   cǎo sè yáo kàn jìn què wú
天街小雨润如酥,草色遥看近却无。②

zuì shì yì nián chūn hǎo chù   jué shèng yān liǔ mǎn huáng dū
最是一年春好处,绝胜烟柳满皇都。③

注释:①诗题一作《早春呈水部张十八员外》,共两首,此为第一首。张十八员外,即张籍,时任水部员外郎,兄弟中排行十八,故称。他是韩愈的好友。②**天街**:指皇城的街道。**酥**:酪类。用牛羊乳制成的食品,这里比喻春雨。**遥看**:从远处看。③**绝胜**:远远胜过。**皇都**:京城,这里指长安。

仿古山水图之诗思乱随春草发   清·王翚

7

元　日^①

yuán　rì

sòng　wáng　ān　shí
宋·王安石

bào zhú shēng zhōng yí suì chú chūn fēng sòng nuǎn rù tú sū
爆竹声中一岁除，春风送暖入屠苏。^②
qiān mén wàn hù tóng tóng rì zǒng bǎ xīn táo huàn jiù fú
千门万户瞳瞳日，总把新桃换旧符。^③

注释：①**元日：**这里指春节，农历正月初一。②**爆竹：**古时在节日或喜庆日，用火烧竹，毕剥发声，以驱除山鬼瘟神，谓之"爆竹"。**除：**送走。**屠苏：**也称"屠酥"，药酒名，古代风俗，于农历正月初一饮屠苏酒。苏辙诗（《除日》）曰："年年最后饮屠酥，不觉年来七十余。"③**瞳瞳日：**刚刚升起渐渐变亮的太阳。**新桃换旧符：**用新桃符换掉旧桃符。桃符，古时春节挂在大门两旁的桃木板，上面画有神荼和郁垒两门神或写着他们的名字，人们认为可以用来避邪。后来改为在上面贴春联。

元日诗意图　明·佚　名

8

shàng yuán shì yàn
上元侍宴 ①

sòng sū shì
宋·苏轼

dàn yuè shū xīng rào jiàn zhāng xiān fēng chuī xià yù lú xiāng
淡月疏星绕建章，仙风吹下御炉香。②
shì chén hú lì tōng míng diàn yī duǒ hóng yún pěng yù huáng
侍臣鹄立通明殿，一朵红云捧玉皇。③

注释：①上元：旧时以农历正月十五为上元节，即元宵节。侍宴：臣子参加皇帝举办的宴会。②建章：汉代宫殿名。这里代指宋代的宫殿。仙风：这里指宫中的微风。御炉：御用的香炉。③鹄立：像鹄一样引颈而立。形容直立。"鹄"，指天鹅。通明殿：传说玉帝的宫殿。此处借指侍宴时所处的宫殿。红云：形容身着红袍的臣子。玉皇：玉皇大帝，这里指当朝皇帝。

上元侍宴诗意图　明·佚名

9 立春偶成①

lì chūn ǒu chéng

sòng zhāng shì
宋·张 栻

律回岁晚冰霜少,春到人间草木知。②
便觉眼前生意满,东风吹水绿参差。③

注释:①立春:二十四节气之一。司马贞《史记索隐》中写道,"立春日是去年四时之终卒,今年之始也"。(司马贞《史记索隐》)②律回:阳气回生。古人以音乐上的十二音律来比拟一年的十二个月。春夏六个月属阳,称为"律",秋冬六个月归阴,称为"吕"。岁晚:年终。③生意:生机,生命力。参差:原作"差差",据别本改。意思是高低不平,这里指起伏不定。

春日闲吟诗意图 明·佚 名

10

dǎ qiú tú
打 毬 图①

sòng　cháo　yuè　zhī
宋·晁说之

chāng hé qiān mén wàn hù kāi　　sān láng chén zuì dǎ qiú huí
阊阖千门万户开,三郎沉醉打毬回。②

jiǔ líng yǐ lǎo hán xiū sǐ　　wú fù míng zhāo jiàn shū lái
九龄已老韩休死,无复明朝谏疏来。③

注释: ①**打毬图:** 此处指《明皇击球图》。"打毬"又称"蹴鞠",是流行于唐宋时代的一种游戏。毬,用皮革制成,内部填之以毛,现通作"球"。②**阊阖:** 泛指宫门或京都城门。此处代指唐长安的宫门。**三郎:** 唐明皇(唐玄宗李隆基)的小名。③**九龄:** 张九龄,玄宗时宰相,以直谏著称,后被李林甫诬陷罢相。**韩休:** 唐玄宗时为宰相,敢于直谏,刚正不阿。**无复:** 不再有。**谏疏:** 条陈得失的文章。"谏",指谏净,规劝。"疏",指奏章。

蹴鞠图(局部)　清·黄　慎

11

宫 词^①

gōng cí

唐·王 建
táng wáng jiàn

jīn diàn dāng tóu zǐ gé chóng xiān rén zhǎng shàng yù fú róng
金殿当头紫阁重,仙人掌上玉芙蓉。^②

tài píng tiān zǐ cháo yuán rì wǔ sè yún chē jià liù lóng
太平天子朝元日,五色云车驾六龙。^③

注释:①宫词:古代的一种诗体。多写宫廷生活琐事,一般为七言绝句,唐代诗歌中多见之。②金殿:即金銮殿,乃皇宫正殿。当头:对面。紫阁:金碧辉煌的殿阁。重:重重叠叠。仙人掌上玉芙蓉:汉武帝时用铜铸成仙人,仙人手托用红玉磨制的芙蓉状的承露盘,承接玉露。据称,饮此露可长生不老。③太平天子:谓能治国平天下的皇帝。朝元:道教徒朝拜老子。唐初,追号老子李耳为太上玄元皇帝,此处指唐天子朝拜玄元皇帝的日子。五色云车:谓皇帝所乘的五彩缤纷的车。六龙:古代天子的车驾为六马,马八尺称龙,因以为天子车驾的代称。

《孝经图》之《诸侯章》 明·仇 英

12 廷 试①
tíng shì

宋·夏竦
sòng xià sǒng

殿上衮衣明日月，砚中旗影动龙蛇。②
diàn shàng gǔn yī míng rì yuè yàn zhōng qí yǐng dòng lóng shé

纵横礼乐三千字，独对丹墀日未斜。③
zòng héng lǐ yuè sān qiān zì dú duì dān chí rì wèi xié

注释：①廷试：科举制度中会试中试后，由皇帝亲自策问，在殿廷上举行的考试。也称殿试。②衮衣：古代帝王及上公穿的绘有卷龙的礼服。这里借指皇帝的礼服。**动龙蛇**：像龙蛇一样在舞动。③**纵横**：指才情纵横奔放，尽情发挥。**礼乐**：《礼记》和《乐记》。此处泛指关于《诗》《书》《礼》《乐》《易》《春秋》等儒家经典的考试内容。**独对**：宋朝设有特荐者单独面对皇帝的策试，如果对策者得到皇帝赏识，就赐进士及第。**丹墀**：指宫殿的赤色台阶或赤色地面。

文苑图 五代·周文矩

13 咏华清宫①

yǒng huá qīng gōng

sòng dù cháng
宋·杜 常

xíng jìn jiāng nán shù shí chéng   xiǎo fēng cán yuè rù huá qīng
行尽江南数十程，晓风残月入华清。②

cháo yuán gé shàng xī fēng jí   dōu rù cháng yáng zuò yǔ shēng
朝元阁上西风急，都入长杨作雨声。③

注释：①华清宫：唐宫殿名。在陕西省西安市临潼区骊山，内有华清池。唐贞观十八年
（644年）建汤泉宫，咸亨二年（671年）改名温泉宫，天宝六载（747年）再行扩建
后改名为华清宫，天宝十五年（756年）宫殿毁于兵火。②数十程：泛指路途遥远。
③朝元阁：唐代阁名，在西安市临潼区骊山，玄宗时改名为降圣阁。长杨：原作
"长扬"，即长杨宫。秦汉宫名。故址在今陕西省周至县东南。《三辅黄图·秦宫》
记载："长杨宫在今盩厔县东南三十里，本秦旧宫，至汉修饰之以备行幸。宫中有
垂杨数亩，因为宫名；门曰射熊馆。秦汉游猎之所。"

华清出浴图（局部） 清·康 涛

14

qīng píng diào
清平调①

táng lǐ bái
唐·李白

yún xiǎng yī cháng huā xiǎng róng　chūn fēng fú jiàn lù huā nóng
云想衣裳花想容，春风拂槛露华浓。②
ruò fēi qún yù shān tóu jiàn　huì xiàng yáo tái yuè xià féng
若非群玉山头见，会向瑶台月下逢。③

注释：①清平调：应为《清平调词》，即"清平调"乐曲的歌词。清平调为隋唐时的杂曲曲调。李白在长安供奉翰林时共作《清平调词》三首，这是其中的第一首。②槛：栏杆。露华：指上面有晶莹露珠的花儿。③群玉山：传说中西王母居住的地方。瑶台：传说中神仙的居处。

清平调图（局部）　清·苏六朋

15 题邸间壁①

tí dǐ jiān bì

宋·郑 会
sòng zhèng huì

茶蘼香梦怯春寒，翠掩重门燕子闲。②
tú mí xiāng mèng qiè chūn hán cuì yǎn chóng mén yàn zi xián

敲断玉钗红烛冷，计程应说到常山。③
qiāo duàn yù chāi hóng zhú lěng jì chéng yīng shuō dào cháng shān

注释： ①**题邸间壁：** 题诗在旅舍的墙壁上。**邸：** 旅舍，客邸。②**茶蘼：** 亦作"茶蘼"，花名，俗称"佛见笑"，属蔷薇科，在暮春初夏时开花，洁白清香，可供观赏。**怯：** 畏怯，这里指惊醒之意。**重门：** 一道道的门。**闲：** 这里是休息的意思。③**玉钗：** 玉制的钗，由两股簪子合成。钗，古代妇女插在头发上的一种饰物，常被用来剪烛花。**计程：** 计算路程。**常山：** 地名，今浙江省常山县。

题邸间壁诗意图　明·佚 名

16

jué jù
绝 句①

táng dù fǔ
唐·杜 甫

liǎng gè huáng lí míng cuì liǔ　　yī háng bái lù shàng qīng tiān
两个黄鹂鸣翠柳，一行白鹭上青天。②

chuāng hán xī lǐng qiān qiū xuě　　mén bó dōng wú wàn lǐ chuán
窗含西岭千秋雪，门泊东吴万里船。③

注释：①绝句：诗体名，每首四句，每句五字者称五绝，七字者称七绝。亦有每句六字者。或用平韵，或用仄韵。又有近体绝句和古体绝句两种。古体绝句是最简短的古诗，产生于律诗之前。②黄鹂：即黄莺，益鸟。白鹭：鹳的一种，也叫鹭鸶，羽毛洁白，腿长，捕食鱼虾。③含：容纳，包含。西岭：指西山，亦名雪岭，是成都西面的岷山山脉，山上积雪，终年不化。泊：停泊。东吴：今江苏省南部和浙江省北部地区。

绝句诗意图　明·佚名

17

hǎi táng
海 棠①

sòng sū shì
宋·苏轼

dōng fēng niǎo niǎo fàn chóng guāng　xiāng wù kōng méng yuè zhuǎn láng
东风袅袅泛崇光，香雾空濛月转廊。②

zhǐ kǒng yè shēn huā shuì qù　　gù shāo gāo zhú zhào hóng zhuāng
只恐夜深花睡去，故烧高烛照红妆。③

注释：①海棠：落叶乔木，叶子卵形或椭圆形，春季开花，呈白色或淡红色。海棠品种颇多，可供观赏。②袅袅：形容春风细长柔弱的样子。泛：浮，闪现。崇光：华美的光泽。香雾：弥漫着海棠花香的夜雾。空濛：朦胧迷漫。月转廊：月亮在空中转动，越过长廊，表示明月西沉。③花睡去：指花谢。红妆：比喻艳丽的花卉。这里借指海棠花。

海棠诗意图　明·佚 名

18

qīng míng
清 明①

táng dù mù
唐·杜牧

qīng míng shí jié yǔ fēn fēn　　lù shàng xíng rén yù duàn hún
清明时节雨纷纷，路上行人欲断魂。②
jiè wèn jiǔ jiā hé chù yǒu　　mù tóng yáo zhǐ xìng huā cūn
借问酒家何处有，牧童遥指杏花村。③

注释：①清明：即清明节。②纷纷：形容雨细微纷乱的样子，绵绵不断。**行人**：指远行在外的游人。③借问：询问。**杏花村**：开满杏花的村庄。后世多以"杏花村"泛指卖酒处。

杏花村图　清·杨柳青年画

19 清 明^①

qīng míng

宋·王禹偁

wú huā wú jiǔ guò qīng míng   xìng wèi xiāo rán sì yě sēng
无花无酒过清明,兴味萧然似野僧。^②

zuó rì lín jiā qǐ xīn huǒ   xiǎo chuāng fēn yǔ dú shū dēng
昨日邻家乞新火,晓窗分与读书灯。^③

注释:①此诗作者一作魏野。②兴味:兴趣,趣味。萧然:凄清寂寥。野僧:居住在山野中的僧人。③邻家:邻居。乞:讨,要。新火:唐宋时的风俗,清明节前一天禁火、寒食,到清明节那天再起火,称为新火。读书灯:读书用的灯。

清明诗意图　明·佚 名

20

shè rì
社 日①

táng zhāng yǎn
唐·张 演

é hú shān xià dào liáng féi　tún zhà jī qī duì yǎn fēi
鹅湖山下稻粱肥，豚栅鸡栖对掩扉。②

sāng zhè yǐng xié chūn shè sàn　jiā jiā fú dé zuì rén guī
桑柘影斜春社散，家家扶得醉人归。③

注释：①社日：古代祭祀土神的日子。每逢社日，人们聚餐、歌舞，以祈丰收。此诗作者一作王驾。②鹅湖山：在今江西省铅山县，旧名荷湖山，因晋代龚氏在湖中养鹅而得名。豚栅：猪圈。鸡栖：鸡窝。扉：门。③桑柘：桑树和柘树。柘树，桑科，叶子可以喂蚕。散：散场。

社日诗意图 明·佚名

21

寒 食①

唐·韩翃

春城无处不飞花，寒食东风御柳斜。②
日暮汉宫传蜡烛，轻烟散入五侯家。③

注释：①寒食：寒食节，在清明节的前一天或前两天。相传春秋时晋文公辜负了他的功臣介之推，介之推愤而隐于绵山。晋文公悔悟，烧山逼介之推出仕，介之推抱树焚死。民间为了悼念介之推，相约在他的忌日禁火冷食，以后相沿成俗，谓之寒食节。
②春城：春天的京城长安。飞花：落花飘飞。御柳：宫禁中的柳树。斜：由于春风的吹拂，柳条轻柔地斜飘着。③汉宫：这里指代唐宫。五侯：这里泛指权贵豪门。

寒食诗意图　明·佚名

22

jiāng nán chūn
江 南 春①

táng dù mù
唐·杜 牧

qiān lǐ yīng tí lǜ yìng hóng　shuǐ cūn shān guō jiǔ qí fēng
千里莺啼绿映红，水村山郭酒旗风。②

nán cháo sì bǎi bā shí sì　duō shǎo lóu tái yān yǔ zhōng
南朝四百八十寺，多少楼台烟雨中。③

注释：①诗题一作《江南春绝句》。②千：原作"十"，今依《全唐诗》改。绿映红：花草和树木，绿和红互相辉映。郭：城市。酒旗风：酒家的旗子在风中飘荡。③南朝：指建都在建康（今江苏省南京市）的宋、齐、梁、陈。烟雨：蒙蒙细雨。

停琴听阮　清·钱吉生

23

shàng gāo shì láng
上高侍郎^①

táng · gāo chán
唐·高蟾

tiān shàng bì táo huò lù zhòng　　rì biān hóng xìng yǐ yún zāi
天上碧桃和露种，日边红杏倚云栽。^②
fú róng shēng zài qiū jiāng shàng　　bú xiàng dōng fēng yuàn wèi kāi
芙蓉生在秋江上，不向东风怨未开。^③

注释：①诗题一作《下第后上永崇高侍郎》。②天上：指朝廷。日边：喻指皇帝的近侧。倚：依傍。③芙蓉：荷花。东风：即春风。

《临宋人画》之《鹡鸰梅竹》　明·仇　英

24 绝句

jué jù

宋·僧志南
sòng sēng zhì nán

gǔ mù yīn zhōng xì duǎn péng　zhàng lí fú wǒ guò qiáo dōng
古木阴中系短篷，杖藜扶我过桥东。①

zhān yī yù shī xìng huā yǔ　chuī miàn bù hán yáng liǔ fēng
沾衣欲湿杏花雨，吹面不寒杨柳风。②

注释：①系：拴住。短篷：指有篷的小船。篷，小船用以遮蔽风雨和日光的设备，用竹木、苇席等制成。杖藜：用藜茎做的拐杖。②杏花雨：指春雨。杨柳风：指春风。

《人物山水图》之《桥头立桃花》　清·罗　聘

25

yóu yuán bù zhí
游园不值①

sòng　yè shào wēng
宋·叶绍翁

yīng xián jī chǐ yìn cāng tái　shí kòu chái fēi jiǔ bù kāi
应嫌屐齿印苍苔，十叩柴扉九不开。②
chūn sè mǎn yuán guān bú zhù　yī zhī hóng xìng chū qiáng lái
春色满园关不住，一枝红杏出墙来。

注释：①不值：不遇。指没有遇到主人。②应：大概。嫌：一作"怜"。屐齿：木底鞋下两头的木齿。十：一作"小"。柴扉：柴门。九：一作"久"。

游园不值诗意图　明　佚　名

26

客中行^①

kè zhōng xíng

táng lǐ bái
唐·李白

lán líng měi jiǔ yù jīn xiāng　yù wǎn chéng lái hǔ pò guāng
兰陵美酒郁金香，玉碗盛来琥珀光。^②
dàn shǐ zhǔ rén néng zuì kè　bù zhī hé chù shì tā xiāng
但使主人能醉客，不知何处是他乡。^③

注释：①诗题一作《客中作》。客，是旅居外地的意思。②兰陵：地名，在今山东省临沂市。郁金香：古人用以浸酒的一种香草，使酒呈金黄色。琥珀：一种树脂化石，黄色或微褐色，半透明，可制成装饰品，也可入药。这里用琥珀的晶莹剔透来形容美酒的色泽。③但使：只要。客：此为作者自指。

瓷版画太白醉酒图　清·佚　名

27 题 屏①

宋·刘季孙

呢喃燕子语梁间，底事来惊梦里闲。②

说与旁人浑不解，杖藜携酒看芝山。③

注释：①诗题一作《题饶州酒务厅屏》。酒务，管制酒业、征收税利的官署。屏即屏风，古人常在屏风上画图或题诗。②呢喃：燕鸣声。底事：何事。闲：悠闲。③浑不解：全不理解。芝山：在江西省鄱阳县西北。

《燕吴八景图》之《西湖莲社》 明·董其昌

28

màn xìng
漫 兴 ①

táng dù fǔ
唐·杜甫

cháng duàn chūn jiāng yù jìn tóu　zhàng lí xú bù lì fāng zhōu
肠断春江欲尽头，杖藜徐步立芳洲。②

diān kuáng liǔ xù suí fēng wǔ　qīng bó táo huā zhú shuǐ liú
颠狂柳絮随风舞，轻薄桃花逐水流。③

注释：①诗题原作"慢兴"，今据别本改。**漫兴：**兴致所至随手写出之意。此诗是杜甫寓居成都浣花溪草堂的第二年所作的组诗中的第五首。②**春江：**春天的江水。**欲尽头：**快到尽头之处。**徐步：**慢步。**立：**伫立。**芳洲：**长满花草的水中高地。③**颠狂：**放荡不羁，这里形容柳絮随风狂舞。**轻薄：**轻佻浮薄。此处形容桃树的落花随波逐流。

芳洲春玩图　明·佚 名

29

qìng quán ān táo huā
庆全庵桃花①

sòng xiè fāng dé
宋·谢枋得

xún dé táo yuán hǎo bì qín　táo hóng yòu shì yì nián chūn
寻得桃源好避秦，桃红又是一年春。②

huā fēi mò qiǎn suí liú shuǐ　pà yǒu yú láng lái wèn jīn
花飞莫遣随流水，怕有渔郎来问津。③

注释：①庆全庵：谢枋得的居所或书斋名。②桃源：即陶渊明《桃花源记》中桃花源的简称。此处代指诗人的隐居之所。避秦：用躲避秦朝的暴政来暗示躲避元朝统治者要他出仕的邀请。③遣：使。渔郎：原指找到了桃花源的渔人，此处指为元朝统治者寻找诗人的人。问津：询问渡口，这里是寻访之意。"津"，指渡口。

庆全庵桃花诗意图　明·佚　名

30

xuán dū guàn táo huā
玄都观桃花①

táng liú yǔ xī
唐·刘禹锡

zǐ mò hóng chén fú miàn lái   wú rén bú dào kàn huā huí
紫陌红尘拂面来，无人不道看花回。②

xuán dū guàn lǐ táo qiān shù   jìn shì liú láng qù hòu zāi
玄都观里桃千树，尽是刘郎去后栽。③

注释：①诗题一作《元和十年自朗州承召至京戏赠看花诸君子》。**玄都观**：京城长安近郊的一座道观。②**紫陌**：指长安城的道路。**红尘**：闹市中的飞尘。**拂**：扑。③**尽**：全。**刘郎**：作者自称。

仿古山水图　清·上　睿

31 再游玄都观
zài yóu xuán dū guàn

唐·刘禹锡
táng liú yǔ xī

百亩庭中半是苔，桃花净尽菜花开。①
bǎi mǔ tíng zhōng bàn shì tái　táo huā jìng jìn cài huā kāi

种桃道士归何处？前度刘郎今又来。②
zhòng táo dào shì guī hé chù　qián dù liú láng jīn yòu lái

注释：①净尽：一点不剩，全都没有了。②前度：前次，上次。

戏赠看花诗意图 明·佚名

32

chú zhōu xī jiàn
滁州西涧①

táng　wéi yìng wù
唐·韦应物

dú lián yōu cǎo jiàn biān shēng　shàng yǒu huáng lí shēn shù míng
独怜幽草涧边生，上有黄鹂深树鸣。②
chūn cháo dài yǔ wǎn lái jí　yě dù wú rén zhōu zì héng
春潮带雨晚来急，野渡无人舟自横。③

注释：①滁州西涧：今安徽省滁州市城西上马河。②独怜：独爱，唯独喜爱。幽草：幽深地方的草丛。深树：茂密的树林。③横：横泊。

滁州西涧诗意图　明·佚　名

33

花 影^①

宋·苏轼

重重叠叠上瑶台，几度呼童扫不开。^②
刚被太阳收拾去，却教明月送将来。^③

注释：①花影：花的影子，这里比喻奸恶势力给朝中带来的阴影。此诗作者一作谢枋得。《叠山集》收有此诗，署名即为谢枋得。②瑶台：古代神话中神仙居住之处。这里比喻极其华丽的楼台。几度：几次。③却：又。教：让。

花影诗意图　明·佚　名

34

bǎi shān
北 山①

sòng wáng ān shí
宋·王安石

běi shān shū lǜ zhǎng héng bēi   zhí qiàn huí táng yàn yàn shí
北山输绿涨横陂，直堑回塘滟滟时。②
xì shǔ luò huā yīn zuò jiǔ   huǎn xún fāng cǎo dé guī chí
细数落花因坐久，缓寻芳草得归迟。③

注释：①北山：今南京市钟山，王安石晚年曾隐居在此。②输绿：输送碧绿的泉水。横陂：长坡。直堑：直的沟渠。回塘：环曲的水池。滟滟：水波摇动的样子。③缓：慢慢。

隔岸望山图 元·赵衷

35

湖　上①
hú　shàng

宋·徐元杰
sòng　xú yuán jié

huā kāi hóng shù luàn yīng tí cǎo zhǎng píng hú bái lù fēi
花开红树乱莺啼，草长平湖白鹭飞。②

fēng rì qíng hé rén yì hǎo xī yáng xiāo gǔ jǐ chuán guī
风日晴和人意好，夕阳箫鼓几船归。③

注释：①湖：指杭州西湖。②红树：开满红花的树。乱莺啼：黄莺纷纷啼叫，声音杂乱，形容鸟多。平湖：平静的湖面。③人意：人的心情。

西湖纪胜图之孤山　明·孙　枝

36 漫 兴①

（màn xìng）

唐·杜甫（táng dù fǔ）

糁径杨花铺白毡，点溪荷叶叠青钱。②
（sǎn jìng yáng huā pū bái zhān，diǎn xī hé yè dié qīng qián）

笋根稚子无人见，沙上凫雏傍母眠。③
（sǔn gēn zhì zǐ wú rén jiàn，shā shàng fú chú bàng mǔ mián）

注释：①杜甫《漫兴》组诗中的第七首。②糁：散开，散落。点：这里是点点散布的意思。青钱：青绿色的铜钱。③稚子：即"雉子"，指隐伏在笋根旁休憩的野鸡。一说指笋根上初生的小笋芽。凫雏：幼小的水鸭。傍：依偎，依靠。

漫兴诗意图 明·佚 名

37

春晴
chūn   qíng

唐·王驾
táng wáng jià

雨前初见花间蕊，雨后全无叶底花。①
yǔ qián chū jiàn huā jiān ruǐ   yǔ hòu quán wú yè dǐ huā

蜂蝶纷纷过墙去，却疑春色在邻家。②
fēng dié fēn fēn guò qiáng qù   què yí chūn sè zài lín jiā

注释：①初见：刚刚看见。花间蕊：花心。②却疑：不禁怀疑。

《仿各家山水图》之《落花流水杳然去》　清·王　鉴

38 春暮①
chūn mù

宋·曹豳
sòng cáo bīn

mén wài wú rén wèn luò huā　　lǜ yīn rǎn rǎn biàn tiān yá
门外无人问落花，绿阴冉冉遍天涯。②

lín yīng tí dào wú shēng chù　　qīng cǎo chí táng dú tīng wā
林莺啼到无声处，青草池塘独听蛙。③

注释：①诗题一作《暮春》。②冉冉：渐进的样子。③无声处：暮春的时候，黄莺已经老了，不再啼叫。独：只。

春暮诗意图 明·佚名

39 落 花①

宋·朱淑真

连理枝头花正开，妒花风雨便相催。②

愿教青帝常为主，莫遣纷纷点翠苔。③

注释：①诗题一作《惜春》。②连理枝：两棵树的枝干连在一起，此处比喻夫妻恩爱。妒：妒忌。便：《全宋诗》作"苦"。催：通"摧"，摧残。③教：使，令。青帝：天帝名，东方之神；又为司春之神。主：主宰。遣：使离去。点：《全宋诗》作"落"。

仿古山水图　清·上　睿

(40)

chūn mù yóu xiǎo yuán
春暮游小园

sòng wáng qí
宋·王 淇

yī cóng méi fěn tuì cán zhuāng tú mǒ xīn hóng shàng hǎi táng
一从梅粉褪残妆，涂抹新红上海棠。①

kāi dào tú mí huā shì liǎo sī sī tiān jí chū méi qiáng
开到荼蘼花事了，丝丝天棘出莓墙。②

注释：①一从：自从。梅粉：粉红色的梅花。褪：萎谢。残妆：指女子残褪的妆容。此处用来比喻梅花的萎谢。涂抹新红：用女子新颖别致的打扮来喻指海棠花盛开。②花事：指花开最盛。了：结束。天棘：天门冬。莓墙：长满青苔的墙。

游园观花诗意图　明·佚 名

41 莺梭^①

yīng suō

宋·刘克庄

sòng liú kè zhuāng

zhì liǔ qiān qiáo tài yǒu qíng jiāo jiāo shí zuò nòng jī shēng

掷柳迁乔太有情，交交时作弄机声。^②

luò yáng sān yuè huā rú jǐn duō shǎo gōng fū zhī dé chéng

洛阳三月花如锦，多少工夫织得成？

注释：①莺梭：指黄莺飞来飞去。②掷柳迁乔：在高大的柳树间穿来穿去。**太**：一作
"在"。**交交**：形容黄莺的鸣叫声，这里比作织布声。**弄机**：拨弄织布机。

莺梭诗意图　明·佚 名

45

42

暮春即事
mù chūn jí shì

宋·叶采
sòng yè cǎi

双 双 瓦雀行书案,点点杨花入砚池。①
shuāng shuāng wǎ què xíng shū àn　diǎn diǎn yáng huā rù yàn chí

闲坐小窗读《周易》,不知春去几多时！②
xián zuò xiǎo chuāng dú 《zhōu yì》　bù zhī chūn qù jǐ duō shí

注释：①双双：成双成对。瓦雀：即麻雀，这里指麻雀的影子。书案：书桌。砚池：凹形的砚，此处指内有墨汁的砚台。②《周易》：书名，也称《易经》，儒家经典之一。去：逝去。

秋窗读易图 宋·刘松年

43

dēng shān
登　山^①

táng lǐ shè
唐·李涉

zhōng rì hūn hūn zuì mèng jiān　　hū wén chūn jìn qiǎng dēng shān
终日昏昏醉梦间，忽闻春尽强登山。^②

yīn guò zhú yuàn féng sēng huà　　yòu dé fú shēng bàn rì xián
因过竹院逢僧话，又得浮生半日闲。^③

注释：①诗题一作《题鹤林寺僧舍》。②终日：整日。强：勉强。③浮生：古人认为人生世事无常，生命短促，因此把人生称为"浮生"。

登山诗意图　明·佚　名

44 蚕妇吟[①]

cán fù yín

宋·谢枋得

zǐ guī tí chè sì gēng shí　qǐ shì cán chóu pà yè xī
子规啼彻四更时，起视蚕稠怕叶稀。[②]

bú xìn lóu tóu yáng liǔ yuè　yù rén gē wǔ wèi céng guī
不信楼头杨柳月，玉人歌舞未曾归。[③]

注释：①吟：诗体的名称。②子规：杜鹃鸟。蚕稠怕叶稀：害怕蚕太多而桑叶少。稠：密集。③不信：不敢相信。杨柳月：月亮已经西坠到了杨柳树梢，说明已经到了快天亮的时候。玉人：美人。

蚕妇吟诗意图　明·佚　名

45

wǎn chūn
晚 春①

táng hán yù
唐·韩 愈

cǎo mù zhī chūn bù jiǔ guī bǎi bān hóng zǐ dòu fāng fēi
草木知春不久归，百般红紫斗芳菲。②

yáng huā yú jiá wú cái sī wéi jiě màn tiān zuò xuě fēi
杨花榆荚无才思，惟解漫天作雪飞。③

注释：①诗题一作《游城南晚春》。②**百般红紫**：万紫千红。**芳菲**：花木芬芳艳丽。③**榆荚**：榆树的果实，其小如钱，又名榆钱。**惟**：只。**解**：知道。**作雪飞**：像雪花一样飞舞。

晚春诗意图 明·佚 名

46

shāng chūn
伤　春

sòng　yáng wàn lǐ
宋·杨万里

zhǔn nǐ jīn chūn lè shì nóng　　yī rán wǎng què yī dōng fēng
准拟今春乐事浓，依然枉却一东风。①

nián nián bù dài kàn huā yǎn　　bú shì chóu zhōng jí bìng zhōng
年年不带看花眼，不是愁中即病中。②

注释：①准拟：总觉得，以为。浓：多。枉却：辜负。东风：春风，这里指代春天。②看
花眼：赏花的眼睛。

有约诗意图　明·佚　名

47 送春

sòng chūn

宋·王逢原

sān yuè cán huā luò gèng kāi　xiǎo yán rì rì yàn fēi lái
三月残花落更开，小檐日日燕飞来。①

zǐ guī yè bàn yóu tí xuè　bú xìn dōng fēng huàn bù huí
子规夜半犹啼血，不信东风唤不回。②

注释：①更：重，又。小檐：短的屋檐。②犹：仍，还。啼血：传说杜鹃啼叫时，嘴里会流出血来，这里形容杜鹃的啼叫声凄惨悲切。

送春诗意图　明·佚名

48

sān yuè huì rì sòng chūn
三月晦日送春①

táng jiǎ dǎo
唐·贾岛

sān yuè zhèng dāng sān shí rì　　fēng guāng bié wǒ kǔ yín shēn
三月正当三十日，风光别我苦吟身。②

gòng jūn jīn yè bù xū shuì　　wèi dào xiǎo zhōng yóu shì chūn
共君今夜不须睡，未到晓钟犹是春。③

注释：①诗题一作《三月晦日赠刘评事》。晦日：农历每月的最后一天。②风光：春光，春景。苦吟身：作者自指。③君：古代用于第二人称的一种尊称。这里指此诗所赠对象刘评事。晓钟：即晨钟，古代清晨报晓的钟声。犹：还，仍然。

临溪水阁图 明·仇英

49

kè zhōng chū xià
客中初夏^①

sòng sī mǎ guāng
宋·司马光

sì yuè qīng hé yǔ zhà qíng　nán shān dāng hù zhuǎn fēn míng
四月清和雨乍晴，南山当户转分明。^②
gèng wú liǔ xù yīn fēng qǐ　wéi yǒu kuí huā xiàng rì qīng
更无柳絮因风起，惟有葵花向日倾。

注释：①诗题一作《居洛初夏作》。**客中**：指旅居他乡。②**清和**：晴朗和暖。**乍**：初。**当**：对着，正对。**转**：变得。

居洛初夏诗意图　明·佚　名

50

约 客^①

宋·赵师秀

yuē   kè

huáng méi shí jié jiā jiā yǔ   qīng cǎo chí táng chù chù wā
黄梅时节家家雨，青草池塘处处蛙。^②

yǒu yuē bù lái guò yè bàn   xián qiāo qí zǐ luò dēng huā
有约不来过夜半，闲敲棋子落灯花。^③

注释：①诗题原作《有约》，今据别本改。②黄梅时节：春末夏初梅子黄熟的一段时期，也称梅雨季节。③闲：无聊。灯花：灯心烧烬结成的花形。

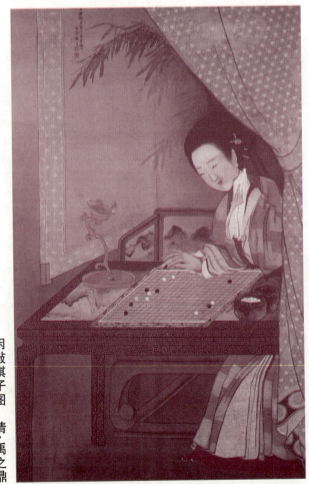

闲敲棋子图 清·禹之鼎

51

chū xià shuì qǐ
初夏睡起①

sòng　yáng wàn lǐ
宋·杨万里

méi zǐ liú suān jiàn chǐ yá　bā jiāo fēn lǜ shàng chuāng shā
梅子流酸溅齿牙，芭蕉分绿上窗纱。②

rì cháng shuì qǐ wú qíng sī　xián kàn ér tóng zhuō liǔ huā
日长睡起无情思，闲看儿童捉柳花。③

注释：①诗题一作《闲居初夏午睡起二绝句》（其一）。②梅子：梅树的果实，味酸，立夏后成熟。溅：一本作"软"。分绿：指绿色映上窗纱。③日长：白天时间很长。无情思：指无精打采，无所适从。

《人物故事图》之《闲看儿童捉柳花》　明·仇　英

52

sān qú dào zhōng
三衢道中①

sòng　zēng　jǐ
宋·曾幾

méi zǐ huáng shí rì rì qíng　xiǎo xī fàn jìn què shān xíng
梅子黄时日日晴，小溪泛尽却山行。②

lù yīn bù jiǎn lái shí lù　tiān dé huáng lí sì wǔ shēng
绿阴不减来时路，添得黄鹂四五声。

注释：①三衢：三衢山，位于今浙江省衢州市。②梅子黄时：指春末夏初梅子黄熟的时候。泛尽：泛舟到了尽头。却：再，又。

三衢道中诗意图　明·佚名

53

即 景①
jí jǐng

宋·朱淑真
sòng zhū shū zhēn

竹摇清影罩幽窗，两两时禽噪夕阳。②
zhú yáo qīng yǐng zhào yōu chuāng liǎng liǎng shí qín zào xī yáng

谢却海棠飞尽絮，困人天气日初长。③
xiè què hǎi táng fēi jìn xù kùn rén tiān qì rì chū cháng

注释：①即景：就眼前的景物而作的诗。②清影：清晰的影子。罩：一作"照"，笼罩。时禽：指这个时季的鸟儿。噪：嘈杂。③谢却海棠：指海棠花凋落了。飞尽絮：指柳絮飞尽。困人：使人感到困乏。

淑真题初夏诗意图　明·佚 名

54

chū xià yóu zhāng yuán
初夏游张园^①

sòng dài mǐn
宋·戴 敏

rǔ yā chí táng shuǐ qiǎn shēn　shú méi tiān qì bàn qíng yīn
乳鸭池塘水浅深，熟梅天气半晴阴。^②
dōng yuán zài jiǔ xī yuán zuì　zhāi jìn pí pá yí shù jīn
东园载酒西园醉，摘尽枇杷一树金。^③

注释：①此诗作者一作戴复古，戴敏之子。②乳鸭：小鸭。熟梅天气：梅子成熟时的天气。
③载：携，带。金：成熟的枇杷为黄色，这里指金黄色的枇杷。

杜陵诗意图 明·谢时臣

55

è zhōu nán lóu shū shì
鄂州南楼书事

sòng huáng tíng jiān
宋·黄庭坚

sì gù shān guāng jiē shuǐ guāng píng lán shí lǐ jì hé xiāng
四顾山光接水光，凭栏十里芰荷香。①

qīng fēng míng yuè wú rén guǎn bìng zuò nán lái yī wèi liáng
清风明月无人管，并作南来一味凉。②

注释：①芰荷：菱花和荷花。②管：管束。并作：一齐，一并。一味：佛教用语。佛经中以如来教法，喻为甘味，因其理趣之唯一无二，故曰一味。

山水图之荷香水榭　清·恽寿平

56

shān tíng xià rì
山亭夏日

táng gāo pián
唐·高骈

lǜ shù yīn nóng xià rì cháng　lóu tái dào yǐng rù chí táng
绿树阴浓夏日长，楼台倒影入池塘。

shuǐ jīng lián dòng wēi fēng qǐ　mǎn jià qiáng wēi yī yuàn xiāng
水晶帘动微风起，满架蔷薇一院香。①

> 注释：①水晶帘：水晶般精美的竹帘。蔷薇：落叶灌木，茎细长，蔓生，枝上密生小刺，羽状复叶，小叶倒卵形或长圆形。初夏开白、黄、粉红、淡黄等颜色的花，可制香料或入药。

夏五吟梅图　清·王翚

57 田 家

tián jiā

sòng fàn chéng dà
宋·范成大

zhòu chū yún tián yè jì má　　cūn zhuāng ér nǚ gè dāng jiā
昼出耘田夜绩麻，村庄儿女各当家。①

tóng sūn wèi jiě gōng gēng zhī　　yě bàng sāng yīn xué zhòng guā
童孙未解供耕织，也傍桑阴学种瓜。②

注释：①耘田：在田间除草，管理庄稼。绩麻：把麻搓成线，织布。当家：承担家务。
②童孙：尚在童年的孙儿女。未解：不懂。傍：依傍。

临宋人画　明·仇英

58

cūn zhuāng jí shì
村庄即事①

sòng   fàn chéng dà
宋·范成大

lǜ biàn shān yuán bái mǎn chuān   zǐ guī shēng lǐ yǔ rú yān
绿遍山原白满川，子规声里雨如烟。②

xiāng cūn sì yuè xián rén shǎo   cái liǎo cán sāng yòu chā tián
乡村四月闲人少，才了蚕桑又插田。③

注释：①诗题一作《村居即事》。作者原题为范成大，有误，应为翁卷，见《苇碧轩诗集》。②白：这里指河水。雨如烟：如烟雾一般的细雨。③了：结束，完成。插田：在稻田里插秧。

清明诗意图　明·佚 名

59 题 榴 花①
tí liú huā

宋·朱熹
sòng zhū xī

wǔ yuè liú huā zhào yǎn míng　zhī jiān shí jiàn zǐ chū chéng
五月榴花照眼明，枝间时见子初成。②

kě lián cǐ dì wú chē mǎ　diān dǎo cāng tái luò jiàng yīng
可怜此地无车马，颠倒苍苔落绛英。③

注释：①此诗作者一作韩愈。②照眼明：指石榴花开得明艳耀眼。子：指小石榴。初：刚刚。③可怜：可惜。颠倒：错乱，扰乱。苍苔：青苔。绛：大红色。英：花瓣。

颠倒苍苔落绛英诗意图　明·佚　名

60

cūn wǎn
村 晚

sòng léi zhèn
宋·雷震

cǎo mǎn chí táng shuǐ mǎn bēi　shān xián luò rì jìn hán yī
草满池塘水满陂，山衔落日浸寒漪。①

mù tóng guī qù héng niú bèi　duǎn dí wú qiāng xìn kǒu chuī
牧童归去横牛背，短笛无腔信口吹。②

注释：①陂：岸，水边。衔：含。漪：水波纹。②横：横坐。无腔：没有腔调。信口：随口。

风雨归牧图 宋·李迪

61

<ruby>书<rt>shū</rt></ruby> <ruby>湖<rt>hú</rt></ruby> <ruby>阴<rt>yīn</rt></ruby> <ruby>先<rt>xiān</rt></ruby> <ruby>生<rt>shēng</rt></ruby> <ruby>壁<rt>bì</rt></ruby>①

宋·王安石
sòng wáng ān shí

máo yán cháng sǎo jìng wú tái　huā mù chéng qí shǒu zì zāi
茅檐常扫净无苔，花木成畦手自栽。②

yī shuǐ hù tián jiāng lǜ rào　liǎng shān pái tà sòng qīng lái
一水护田将绿绕，两山排闼送青来。③

注释：①书：题写的意思。湖阴先生是诗人在金陵紫金山下的邻居杨德逢的号。②常：经常，一作"长"。畦：长条形的土垅，一作"蹊"。③绕：环抱。排闼：推开大门，这里是推门而入的意思。

宋儒诗意图　清·华嵒

乌衣巷①
wū yī xiàng

唐·刘禹锡
táng liú yǔ xī

zhū què qiáo biān yě cǎo huā　wū yī xiàng kǒu xī yáng xiá
朱雀桥边野草花，乌衣巷口夕阳斜。②

jiù shí wáng xiè táng qián yàn　fēi rù xún cháng bǎi xìng jiā
旧时王谢堂前燕，飞入寻常百姓家。③

注释：①乌衣巷：这首诗是刘禹锡《金陵五题》中的第二首。乌衣巷是金陵城的一条街，在秦淮河南，因三国时东吴在此驻扎军营，营中军士穿着黑色军服而得名。东晋时，乌衣巷是豪门贵族的聚居地。②朱雀桥：东晋时称朱雀航，秦淮河上的一座桥，是走进乌衣巷的通道。斜：斜照。③王谢：指东晋政治家王导和指挥过淝水之战的谢安。这里用王谢两大世家指代曾经居住在乌衣巷的豪门贵族。

乌衣巷诗意图　明·佚 名

63

送元二使安西①
sòng yuán èr shǐ ān xī

唐·王维
táng wáng wéi

wèi chéng zhāo yǔ yì qīng chén　　kè shè qīng qīng liǔ sè xīn
渭城朝雨浥轻尘，客舍青青柳色新。②

quàn jūn gèng jìn yī bēi jiǔ　　xī chū yáng guān wú gù rén
劝君更尽一杯酒，西出阳关无故人。③

注释：①此诗原题为《送使安西》，今据别本改。此作后来因谱入乐府，取首句二字为题，又名《渭城曲》。也有题为《阳关三叠》或《阳关曲》。**元二**：姓元，排行第二，名不详。**安西**：安西都护府，治所在今新疆维吾尔自治区库车县附近。②**渭城**：故城在陕西省长安县西，秦时名咸阳，汉高祖元年改为新城，汉武帝时改名为渭城。**浥**：沾湿，润湿。③**更尽**：再喝光。**阳关**：在今甘肃省敦煌市西南，因在玉门关之南，所以称为阳关。

送使安西诗意图　明·佚　名

64

tí běi xiè bēi
题北榭碑①

táng lǐ bái
唐·李白

yī wéi qiān kè qù cháng shā xī wàng cháng ān bù jiàn jiā
一为迁客去长沙，西望长安不见家。②

huáng hè lóu zhōng chuī yù dí jiāng chéng wǔ yuè luò méi huā
黄鹤楼中吹玉笛，江城五月落梅花。③

注释： ①**北榭**：据考黄鹤楼四面均有台榭，李白此诗题于北榭。榭，原作"谢"，今据别本改。诗题一作《与史郎中钦听黄鹤楼上吹笛》，一作《黄鹤楼闻笛》。史郎中钦，姓史名钦，官为郎中。②**迁客**：被贬谪流放到远地的人。**去长沙**：此处用典，西汉贾谊博学多才，深得汉文帝的赏识，他多次上书抨击时政，因而遭权贵谗害，被贬为长沙王太傅。③**江城**：指长江边的鄂州城。**落梅花**：即"梅花落"，乃一古代笛曲名。

北榭碑诗意图　明·佚　名

65

tí huái nán sì
题淮南寺①

sòng chéng hào
宋·程 颢

nán qù běi lái xiū biàn xiū   bái pín chuī jìn chǔ jiāng qiū
南去北来休便休，白蘋吹尽楚江秋。②

dào rén bú shì bēi qiū kè   yī rèn wǎn shān xiāng duì chóu
道人不是悲秋客，一任晚山相对愁。③

注释：①淮南寺：说明寺庙位于淮南地区。②休便休：想休息便休息。白蘋：一种开白花的水中浮草。有的写作"白萍"。③道人：修道及得道的人，作者自称。悲秋客：因秋天的到来而感到哀伤的人。宋玉《九辩》曰："悲哉，秋之为气也。"一任：完全任凭。晚山：指暮色中的山。

淮南寺诗意图 明·佚 名

66

秋 月①

sòng chéng hào
宋·程颢

qīng xī liú guò bì shān tóu　　kōng shuǐ chéng xiān yī sè qiū
清溪流过碧山头，空水澄鲜一色秋。②

gé duàn hóng chén sān shí lǐ　　bái yún hóng yè liǎng yōu yōu
隔断红尘三十里，白云红叶两悠悠。③

注释：①此诗作者原误题程颢，应为朱熹。②**碧山**：青翠碧绿的山，形容山上草木茂盛。
空水：天空和溪水。**澄鲜**：清澈鲜明。③**红尘**：指世俗的人间，此处指有人烟的
地方。

秋江待渡图 明·仇英

67

七　夕
qī xī

宋·杨朴
sòng yáng pǔ

未会牵牛意若何，须邀织女弄金梭。①
wèi huì qiān niú yì ruò hé xū yāo zhī nǚ nòng jīn suō

年年乞与人间巧，不道人间巧已多。②
nián nián qǐ yǔ rén jiān qiǎo bù dào rén jiān qiǎo yǐ duō

注释：①未会：不懂得。须：一定。弄金梭：用金梭演示织彩霞的智巧。②巧：第一个巧，指智巧。第二个巧是前一个"巧"的引申，这里指机巧，即投机取巧，尔虞我诈。已：原作"几"，今据别本改。

七夕诗意图　明·佚　名

68 立秋^① lì qiū

宋·刘翰 sòng liú hàn

乳鸦啼散玉屏空，一枕新凉一扇风。^②
rǔ yā tí sàn yù píng kōng　yī zhěn xīn liáng yī shàn fēng

睡起秋声无觅处，满阶梧叶月明中。^③
shuì qǐ qiū shēng wú mì chù　mǎn jiē wú yè yuè míng zhōng

注释：①立秋：二十四节气之一。②乳鸦：小乌鸦。散：消散。屏：屏风，上面常有字画，用来挡风或遮挡视线。空：空疏，指天暗看不见屏风上的图画。新凉：指初秋凉爽的天气。一扇风：习习凉风像有人在扇扇子一样。③月明中：原作"月中明"，今据别本改。

闲望星斗诗意图　明·佚名

69 七 夕①

唐·杜牧

银烛秋光冷画屏,轻罗小扇扑流萤。②
天街夜色凉如水,卧看牵牛织女星。③

注释：①诗题一作《秋夕》。②银烛：白色的蜡烛。秋光：秋夜明亮的月光。轻罗小扇：用丝罗做的团扇，因丝罗极轻，所以说轻罗小扇。流萤：飞行无定的萤火虫。③天街：京城的街道，一作"天阶"。卧看：一作"坐看"。牵牛织女星：指牛郎星和织女星。

卧看牛女星诗意图　明·佚 名

70

中 秋 月①
zhōng qiū yuè

宋·苏轼
sòng sū shì

mù yún shōu jìn yì qīng hán　yín hàn wú shēng zhuǎn yù pán
暮云收尽溢清寒，银汉无声转玉盘。②

cǐ shēng cǐ yè bù cháng hǎo　míng yuè míng nián hé chù kàn
此生此夜不长好，明月明年何处看？

注释：①本诗是苏轼《阳关词三首》中的第三首。②**暮云**：傍晚的云彩。**溢**：满，溢出。**清寒**：清幽而带有寒气的月光。**银汉**：银河。**转玉盘**：像玉盘一样的月亮，慢慢地转动着。

月下把杯图　宋·佚　名

71

jiāng lóu yǒu gǎn
江楼有感①

táng zhào gǔ
唐·赵嘏

dú shàng jiāng lóu sī qiǎo rán　　yuè guāng rú shuǐ shuǐ rú tiān
独上江楼思悄然，月光如水水如天。②
tóng lái wán yuè rén hé zài　　fēng jǐng yī xī sì qù nián
同来玩月人何在？风景依稀似去年。③

注释：①诗题一作《江楼感旧》。**江楼**：江边的楼台。②**悄然**：忧伤失落的样子。一作"渺然"。③**依稀**：好像，仿佛。**去年**：指以往的某一年，与今指上一年不同。

江楼有感诗意图　明·佚　名

72

tí lín ān dǐ
题临安邸

sòng lín shēng
宋·林升

shān wài qīng shān lóu wài lóu　　xī hú gē wǔ jǐ shí xiū
山外青山楼外楼，西湖歌舞几时休？①

nuǎn fēng xūn dé yóu rén zuì　　zhí bǎ háng zhōu zuò biàn zhōu
暖风熏得游人醉，直把杭州作汴州。②

注释：①休：停。②直：简直。汴州：北宋的都城，今河南省开封市。

西湖诗意图　明·佚 名

73

xiǎo chū jìng cí sì sòng lín zǐ fāng
晓出净慈寺送林子方①

sòng yáng wàn lǐ
宋·杨万里

bì jìng xī hú liù yuè zhōng　fēng guāng bù yǔ sì shí tóng
毕竟西湖六月中，风光不与四时同。②

jiē tiān lián yè wú qióng bì　yìng rì hé huā bié yàng hóng
接天莲叶无穷碧，映日荷花别样红。③

注释：①此诗旧本诗题为《西湖》。②毕竟：到底。四时：四季。③别：特别，不同寻常。

西湖诗意图　明·佚　名

74

yǐn hú shàng chū qíng hòu yǔ
饮湖上初晴后雨①

sòng sū shì
宋·苏轼

shuǐ guāng liàn yàn qíng fāng hǎo　shān sè kōng méng yǔ yì qí
水光潋滟晴方好，山色空濛雨亦奇。②
yù bǎ xī hú bǐ xī zǐ　dàn zhuāng nóng mǒ zǒng xiāng yí
欲把西湖比西子，淡妆浓抹总相宜。③

注释：①《饮湖上初晴后雨》共两首诗，这是其中的一首。②潋滟：水波荡漾的样子。空濛：一作"空蒙"，迷茫缥缈的样子。方：刚刚。③西子：春秋时越国美女西施的别称。相宜：适合，恰到好处。

西湖春晓图　宋·佚 名

入 直①

宋·周必大

绿槐夹道集昏鸦，敕使传宣坐赐茶。②

归到玉堂清不寐，月钩初上紫薇花。③

注释：①入直：进宫值班。"直"通"值"。诗题一作《入直召对选德殿赐茶而退》。②集：一作"入"。**昏鸦**：黄昏时的乌鸦。**敕使**：这里指传达皇帝命令的侍臣。**传宣**：传令宣召。③**玉堂**：指翰林院。**清**：清醒。**寐**：睡着。**月钩**：月弯如钩。**初上**：刚刚爬上。**紫薇**：花木名，又称满江红、百日红。落叶小乔木，夏、秋之间开花，花色有玫红色、淡红色、紫色或白色等。

入直诗意图 明·佚 名

76

shuǐ tíng
水 亭①

sòng cài què
宋·蔡 确

zhǐ píng shí zhěn zhú fāng chuáng　shǒu juàn pāo shū wǔ mèng cháng
纸屏石枕竹方床,手倦抛书午梦长。②

shuì qǐ wǎn rán chéng dú xiào　shù shēng yú dí zài cāng làng
睡起莞然成独笑,数声渔笛在沧浪。③

注释:①诗题一作《夏日登车盖亭》。车盖亭,在安陆郡(今湖北省安陆县)。②纸屏:用藤皮茧纸制成的屏风。竹方床:竹子做的床。③莞然:微笑的样子。沧浪:古水名。

唐人诗意图　明·陆 治

77

jìn suǒ
禁 锁①

sòng hóng zī kuí
宋·洪咨夔

jìn mén shēn suǒ jì wú huá nóng mò lín lí liǎng xiàng má
禁门深锁寂无哗，浓墨淋漓两相麻。②
chàng chè wǔ gēng tiān wèi xiǎo yī chí yuè jìn zǐ wēi huā
唱彻五更天未晓，一墀月浸紫薇花。③

注释：①诗题一作《直玉堂作》。玉堂，指翰林院。②禁门：禁止随意通行的宫门。寂：寂静。哗：喧噪之音。两相麻：指两份写着任命宰相诏令的黄麻纸。③唱彻五更：指宫中的鸡人在宫门大声报唱五更天了。晓：破晓。墀：殿前台阶上的空地，台阶。

《人物故事图》之《竹院品古》 明·仇 英

78

zhú lóu
竹 楼

sòng lǐ jiā yòu
宋·李嘉祐

ào lì shēn xián xiào wǔ hóu　xī jiāng qǔ zhú qǐ gāo lóu
傲吏身闲笑五侯，西江取竹起高楼。①

nán fēng bù yòng pú kuí shàn　shā mào xián mián duì shuǐ ōu
南风不用蒲葵扇，纱帽闲眠对水鸥。②

注释：①傲吏：不为礼法所屈的官吏，常指庄周，这里用来形容竹楼主人的清高傲世。五侯：这里指整天忙于争权夺势的豪门贵族。②蒲葵扇：用蒲葵叶制成的扇子，俗称蒲扇。纱帽：纱制官帽。

竹楼诗意图　明·佚 名

79

zhí zhōng shū shěng
直中书省①

táng bái jū yì
唐·白居易

sī lún gé xià wén zhāng jìng　zhōng gǔ lóu zhōng kè lòu cháng
丝纶阁下文章静，钟鼓楼中刻漏长。②

dú zuò huáng hūn shuí shì bàn　zǐ wēi huā duì zǐ wēi láng
独坐黄昏谁是伴？紫薇花对紫薇郎。③

注释：①**直**：通"值"，值班。**中书省**：官署名，在唐代是拟定政策的机关。诗题一作《紫薇花》。②**丝纶阁**：古代撰拟朝廷诏令的地方。**文章静**：这里是说没有起草撰写文章的任务。**刻漏**：古代计时的器具，刻有刻度的漏壶。③**紫薇郎**：亦作"紫微郎"，唐代中书舍人的别称。

水阁读经图　明·陈铎

80

guān shū yǒu gǎn
观书有感

sòng zhū xī
宋·朱 熹

bàn mǔ fāng táng yī jiàn kāi　　tiān guāng yún yǐng gòng pái huái
半亩方塘一鉴开，天光云影共徘徊。①

wèn qú nǎ dé qīng rú xǔ　　wèi yǒu yuán tóu huó shuǐ lái
问渠那得清如许？为有源头活水来。②

注释：①鉴：镜子。②渠：它，指方塘。那得：怎么能够。"那"，通"哪"。清：清澈澄净。如许：像这样。

观书有感诗意图　明·佚 名

81

泛 舟
fàn   zhōu

宋·朱熹
sòng zhū xǐ

昨夜江边春水生，艨艟巨舰一毛轻。①
zuó yè jiāng biān chūn shuǐ shēng méng chōng jù jiàn yī máo qīng

向来枉费推移力，此日中流自在行。②
xiàng lái wǎng fèi tuī yí lì cǐ rì zhōng liú zì zài xíng

注释：①春水生：指春天的江水涨起来了。艨艟：一作"蒙冲"，古代的一种大战舰。一毛轻：像一根羽毛那样轻。②向来：以前。枉费：白费。推移：指将巨舰牵拉推动。中流：河流中央。行：航行。

泛舟诗意图　明·佚 名

82

lěng quán tíng

冷泉亭①

sòng lín zhěn
宋·林稹

yī hóng qīng kě qìn shī pí   lěng nuǎn nián lái zhǐ zì zhī
一泓清可沁诗脾，冷暖年来只自知。②

liú chū xī hú zài gē wǔ   huí tóu bù sì zài shān shí
流出西湖载歌舞，回头不似在山时。③

注释：①冷泉亭：位于浙江省杭州市西湖灵隐寺前的飞来峰下。②一泓清：一道或一片清水。沁：浸润。诗脾：诗人的心脾。年来：年来年去。自知：表示他人无法懂得。③载歌舞：这里是说冷泉水流入西湖后承载的是寻欢作乐的游船。似：相似。

冷泉亭诗意图　明·佚　名

83

zèng liú jǐng wén
赠刘景文①

sòng sū shì
宋·苏轼

hé jìn yǐ wú qíng yǔ gài   jú cán yóu yǒu ào shuāng zhī
荷尽已无擎雨盖，菊残犹有傲霜枝。②

yī nián hǎo jǐng jūn xū jì   zuì shì chéng huáng jú lǜ shí
一年好景君须记，最是橙黄橘绿时。③

注释：①诗题一作《题刘景文》。刘景文，名季孙。②荷尽：指荷花都凋谢了。擎：支撑，承受。菊残：菊花凋零。傲：傲然挺立。③最是：最美好的是。

橙黄橘绿图 宋·赵令穰

87

84

fēng qiáo yè bó
枫桥夜泊①

táng zhāng jì
唐·张 继

yuè luò wū tí shuāng mǎn tiān jiāng fēng yú huǒ duì chóu mián
月落乌啼霜满天,江枫渔火对愁眠。②
gū sū chéng wài hán shān sì yè bàn zhōng shēng dào kè chuán
姑苏城外寒山寺,夜半钟声到客船。③

注释：①**枫桥**：在今江苏省苏州市阊门外枫桥镇。②**江枫**：原作"江烽",今据别本改。③**姑苏城**：指苏州市。**寒山寺**：寺名,在枫桥附近,因唐代高僧寒山曾居于此而得名。

枫桥夜泊诗意图　明·佚 名

85

寒 夜^①

宋·杜耒

寒夜客来茶当酒，竹炉汤沸火初红。^②

寻常一样窗前月，才有梅花便不同。^③

注释：①寒夜：寒冷的夜晚。②茶当酒：以茶代酒招待客人。**竹炉**：一种外壳为竹编、内安小钵、用以盛炭火取暖的用具。**汤沸**：水开了，水沸腾了。**火初红**：炉里的火刚刚烧旺。③**寻常一样**：和平时一样。"寻常"，指平常。**才有梅花便不同**：在梅花的映衬下，今日窗前的明月也变得不一样了。"才有"，才刚刚有了。

寒食书事诗意图　明·佚名

86

shuāng yuè
霜 月

táng lǐ shāng yǐn
唐·李商隐

chū wén zhēng yàn yǐ wú chán   bǎi chǐ lóu tái shuǐ jiē tiān
初闻征雁已无蝉，百尺楼台水接天。①

qīng nǚ sù é jù nài lěng   yuè zhōng shuāng lǐ dòu chán juān
青女素娥俱耐冷，月中霜里斗婵娟。②

注释： ①**征雁**：迁徙的雁，多指秋天南飞的雁。**水接天**：指水天一色，连成一片。②**青女**：神话中的霜雪之神。《淮南子·天文训》："至秋三月……青女乃出，以降霜雪。"**素娥**：月宫仙女嫦娥的别名。**斗婵娟**：争艳比美。"斗"，指比赛。"婵娟"，指美好的容颜。

霜月诗意图　明·佚 名

87

méi
梅

sòng wáng qí
宋·王 淇

bú shòu chén āi bàn diǎn qīn　zhú lí máo shè zì gān xīn
不受尘埃半点侵，竹篱茅舍自甘心。①

zhǐ yīn wù shí lín hé jìng　rě de shī rén shuō dào jīn
只因误识林和靖，惹得诗人说到今。②

注释：①侵：侵染，侵蚀。**竹篱茅舍**：这里把梅花拟人化，比喻处境清苦。**甘心**：自愿，情愿。②**误识**：错误地结交。**林和靖**：即北宋著名的诗人林逋，隐居在杭州孤山的梅岭上，性爱梅花和鹤，人称"梅妻鹤子"。本书收有林逋诗作《梅花》一首。**说**：评头论足。

梅诗意图　明·佚 名

88 早春
zǎo chūn

宋·白玉蟾
sòng bái yù chán

nán zhī cái fàng liǎng sān huā　　xuě lǐ yín xiāng nòng fěn xiē
南枝才放两三花，雪里吟香弄粉些。①

dàn dàn zhuó yān nóng zhuó yuè　　shēn shēn lǒng shuǐ qiǎn lǒng shā
淡淡著烟浓著月，深深笼水浅笼沙。②

注释：①南枝：借指梅花。吟香弄粉：指品味梅花的清香，玩赏梅花的色泽。些：句末语气词。②淡淡著烟浓著月：清淡的如轻烟缭绕，浓郁的似月辉光华。"著"，指沾惹，带。笼：笼罩。

早春图 清·杨晋

89 雪梅·其一
xuě méi qí yī

宋·卢梅坡
sòng lú méi pō

méi xuě zhēng chūn wèi kěn xiáng　sāo rén gē bǐ fèi píng zhāng
梅雪争春未肯降，骚人阁笔费评章。①

méi xū xùn xuě sān fēn bái　xuě què shū méi yī duàn xiāng
梅须逊雪三分白，雪却输梅一段香。②

注释：①降：认输。骚人：诗人。阁笔：即"搁笔"。"阁"，通"搁"。评章：评论，品评。
②须：虽，虽然。逊：差，不及。输：和"逊"同义。

雪梅诗意图　明·佚 名

90

xuě méi qí èr
雪梅·其二

sòng lú méi pō
宋·卢梅坡

yǒu méi wú xuě bù jīng shén　yǒu xuě wú shī sú liǎo rén
有梅无雪不精神，有雪无诗俗了人。①

rì mù shī chéng tiān yòu xuě　yǔ méi bìng zuò shí fēn chūn
日暮诗成天又雪，与梅并作十分春。②

注释：①不精神：没有神采神韵。俗了人：使人显得庸俗、不高雅。②十分：形容春色之浓。春：春色。

踏雪寻梅图 清·萧晨

91

dá zhōng ruò wēng
答钟弱翁^①

sòng mù tóng
宋·牧 童

cǎo pū héng yě liù qī lǐ　dí nòng wǎn fēng sān sì shēng
草铺横野六七里，笛弄晚风三四声。^②

guī lái bǎo fàn huáng hūn hòu　bù tuō suō yī wò yuè míng
归来饱饭黄昏后，不脱蓑衣卧月明。^③

注释：①钟弱翁：名钟傅，字弱翁，宋饶州乐平（今属江西省）人。官至龙图阁直学士，但仕途不顺，几次遭贬。②横野：广阔的田野。弄：吹奏。③蓑衣：一种用草或棕片制成的雨具。

答钟弱翁诗意图　明·佚 名

92

泊秦淮^①

bó qín huái

唐·杜牧

yān lǒng hán shuǐ yuè lǒng shā　　yè bó qín huái jìn jiǔ jiā
烟笼寒水月笼沙，夜泊秦淮近酒家。^②

shāng nǚ bù zhī wáng guó hèn　　gé jiāng yóu chàng hòu tíng huā
商女不知亡国恨，隔江犹唱《后庭花》。^③

注释：①此诗一作《秦淮夜泊》。泊：停船靠岸。秦淮：秦淮河。②烟：烟雾。沙：沙滩。③商女：指卖唱的歌妓。亡国恨：亡国的悲哀。后庭花：指陈后主作的乐曲《玉树后庭花》，后世把此曲作为亡国之音的代表。

泊秦淮诗意图　清·吴　宏

96

93 归 雁^①

guī yàn

93 归 雁①

唐·钱 起

潇湘何事等闲回？水碧沙明两岸苔。②

二十五弦弹夜月，不胜清怨却飞来。③

注释：①**归雁：**这里指从南方归来的大雁。②**潇湘：**即潇水和湘水，在今湖南省。此处指代大雁飞往南方的终点。**等闲：**轻易。**沙：**沙滩。**两岸苔：**这里是说两岸植物繁茂，青翠欲滴。③**二十五弦：**古代由二十五根弦组成的一种乐器。《汉书·郊祀志上》："帝使素女鼓五十弦瑟，悲，帝禁不止，故破其瑟为二十五弦。"**弹夜月：**此用典故，古代神话中有湘水女神在月夜下鼓瑟思夫的故事。**不胜：**不堪，受不了。**却：**又，再。

南天雁影图　清·高凤翰

94

tí bì
题 壁①

wú míng shì
无 名 氏

yī tuán máo cǎo luàn péng péng　　mò dì shāo tiān mò dì kōng
一团茅草乱蓬蓬，蓦地烧天蓦地空。②
zhēng sì mǎn lú wēi gǔ duò　　màn téng téng de nuǎn hōng hōng
争似满炉煨榾柮，漫腾腾地暖烘烘。③

注释：①题壁：题在墙壁上的诗。②茅：原作"芳"，今据别本改。蓦地：突然地。烧天：火焰冲天。空：熄灭。③争似：怎似，怎么能像。煨榾柮：烧树根。"榾柮"，指树根。漫：慢。腾腾：悠悠。

题壁诗意图　明·佚 名

七言律诗

律诗共有八句，大体上两句一押韵（首句末字为平声的，也要求押韵，但不严格要求押同部韵，可押邻部韵）。每一韵中的两句构成一联，分别称为首联、颔联、颈联、尾联。其中，颔联、颈联要求语义对仗。根据每句的字数情况，或分为五言律诗和七言律诗，分别简称为"五律""七律"。至于每句声调上的平仄交错情况、一联两句的平仄对仗情况，两联之间的相"粘"情况，以及律诗四种基本句式的情况，可参见王力先生的《诗词格律》，或一些诗词格律启蒙教材。此不赘述。

从语言的自然节奏与方便诵读的角度看，中国诗歌从四言发展至七言，已臻成熟。在此不妨用当代诗人林庚引鉴法国诗学中的"半逗律"来加以解说。

古人书写的文字中不用标点符号，后来为方便读者，有些书商在刻书时加上"句""读"符号。当然，即使书面文字上没有"句""读"符号，水平高的读者也知道读到何处就该停顿。这种该停顿的地方，古人泛称为"句读"。后来雕版印书，才称一句完整的意思读完应当停顿处为"句"，而中间需要停顿处称为"读（逗）"。对诗句而言，只知道"句读"还不够。诗的语言高度凝练，在阅读或吟诵诗句时，每一"读"中还需要短暂的停顿，我们可姑且称这种短暂的停顿为"顿"。其实，还有一种停歇介于"顿"与"逗"之间，姑且称为"半逗"。

为了方便具体分析古人的诗句，对"顿"和"半逗"，我们不妨分别以"/""//"两种符号表示。下面我们就举例分析古诗句。最古老的诗歌是两字一句，如"断/竹，续/竹，飞/土，逐/宍"，每一"逗"中只能一"顿"。四言诗如"关关/雎鸠，在河/之洲"，基本也是一"逗"中只有一"顿"。六言诗句如苏轼的"问汝/平生/功业，黄州/惠州/儋州"，一"逗"之中有两"顿"，略嫌单调笨重。因此，六言诗虽有佳作，数量却并不多见。但五言、七言诗则不然。诗句发展到五言，如"白日//依山/尽"，这一句中有一个介乎"逗"与"顿"之间的"半逗"，将五言诗句分为上二下三，同时下三字中又有一个自然的"顿"。同为上二下三句式，"城阙//辅/三秦"一句，"半逗"的地方一致，但"顿"则有所区别。七言诗句与五言诗的情况类似，通常由一个"半逗"分为上四下三，而下三中"顿"的地方也有所区别，如杜甫《登高》诗颔联中的"无边落木//萧萧/下"，颈联中的"万里悲秋//常/作客"，"顿"法各有不同，避免了句式上的单调笨重。

五言、七言诗句因其节奏灵活，成了古诗中的经典句式。若是再延长，如长短句《虞美人》中的"恰似//一江春水//向东/流"，有两个半逗，其实为两个字领一句七言诗而已，基本的句式单位还是七言句。

搞清诗句中的朗诵节奏，是为了更好地理解诗的内容以及在此基础上弄清诗的艺术性，帮助我们增长知识、积累词汇和提高文字表达技巧。《千家诗》中七言律诗的内容与艺术性如何呢？能给我们哪些帮助呢？我们不妨略举两例来说明。例一，此卷前几首为唐人贾至的《早朝大明宫》及几位著名诗人的唱和之作，我们仅从"紫陌长""九重""万国""万户""千官"等词语中，就能感受到一种国力强盛的盛唐气象。例二，此卷中有两首宋人应制诗，写上元节的宫廷内景象，虽然这些景象与我们当代生活已毫无关系，但可以欣赏诗中的文辞技巧，感受诗歌的精雕细琢之美，这对词汇量的积累都是大有裨益的。

柳汀聚禽图　明·夏叔文

95

zǎo cháo dà míng gōng
早朝大明宫①

táng jiǎ zhì
唐·贾　至

yín zhú cháo tiān zǐ mò cháng　jìn chéng chūn sè xiǎo cāng cāng
银烛朝天紫陌长，禁城春色晓苍苍。②

qiān tiáo ruò liǔ chuí qīng suǒ　bǎi zhuàn liú yīng rào jiàn zhāng
千条弱柳垂青琐，百啭流莺绕建章。③

jiàn pèi shēng suí yù chí bù　yī guān shēn rě yù lú xiāng
剑珮声随玉墀步，衣冠身惹御炉香。④

gòng mù ēn bō fèng chí shàng　zhāo zhāo rǎn hàn shì jūn wáng
共沐恩波凤池上，朝朝染翰侍君王。⑤

注释：①早朝：古代君王早晨召见群臣，处理政务。大明宫：宫殿名。唐代百官在此朝见皇帝。②银烛：白色的蜡烛，是文武百官上早朝时照明用的。朝天：朝见天子。紫陌：此处指京城的道路。禁城：指皇宫。苍苍：青绿色。③弱柳：嫩柳。青琐：门窗上镂刻的青色图纹，这里指代宫门。啭：形容黄莺鸟婉转的鸣叫声。流莺：即黄莺。流，谓其鸣声婉转。建章：即汉代建章宫，此处用来借指唐代大明宫。④剑珮：指百官身上佩带的剑和玉。玉墀：宫殿前的台阶。惹：沾染。御炉：皇帝用的香炉。⑤恩波：形容皇恩浩荡。凤池：即凤凰池。朝朝：天天。染翰：本义为以笔蘸墨，这里指为皇帝草拟诏令。

草枯鹰眼疾　雪尽马蹄轻　清·钱吉生

96

hè jiǎ shè rén zǎo cháo
和贾舍人早朝①

táng dù fǔ
唐·杜甫

wǔ yè lòu shēng cuī xiǎo jiàn　jiǔ chóng chūn sè zuì xiān táo
五夜漏声催晓箭，九重春色醉仙桃。①

jīng qí rì nuǎn lóng shé dòng　gōng diàn fēng wēi yàn què gāo
旌旗日暖龙蛇动，宫殿风微燕雀高。②

cháo bà xiāng yān xié mǎn xiù　shī chéng zhū yù zài huī háo
朝罢香烟携满袖，诗成珠玉在挥毫。③

yù zhī shì zhǎng sī lún měi　chí shàng yú jīn yǒu fèng máo
欲知世掌丝纶美，池上于今有凤毛。④

注释：①和：即和诗，是用来和答他人诗作的诗，依照别人诗词的格律或内容作诗词，可和韵，可不和韵。舍人：官名。②五夜：指夜晚的五更天。漏声：漏壶滴水的声音。箭：漏箭。放在漏壶中带有刻度的杆状物体，用于计量。九重：帝王住的宫禁之地。③龙蛇：指旗帜上绣的龙蛇图案。动：（旗帜）飘动，舞动。风微：微风轻拂。④香烟：焚香所生的烟雾。珠玉：珠和玉，常比喻优美珍贵之物。⑤世掌丝纶：父子或祖孙相继在中书省任职的。贾至及其父贾曾都在中书省任职，因此这样说。丝纶：古代撰拟朝廷诏令的地方叫丝纶阁。池：凤凰池。有凤毛：形容遗传了父亲的优点。南朝时谢超宗为谢凤之子，父子文章皆美，梁武帝称赞说："超宗殊有凤毛。"

春景诗意图 明·佚名

97

hè jiǎ shè rén zǎo cháo
和贾舍人早朝

唐·王维

jiàng zé jī rén bào xiǎo chóu　shàng yī fāng jìn cuì yún qiú
绛帻鸡人报晓筹，尚衣方进翠云裘。①

jiǔ tiān chāng hé kāi gōng diàn　wàn guó yī guān bài miǎn liú
九天阊阖开宫殿，万国衣冠拜冕旒。②

rì sè cái lín xiān zhǎng dòng　xiāng yān yù bàng gǔn lóng fú
日色才临仙掌动，香烟欲傍衮龙浮。③

cháo bà xū cái wǔ sè zhào　pèi shēng guī dào fèng chí tóu
朝罢须裁五色诏，珮声归到凤池头。④

注释：①**绛帻**：大红色的头巾。**晓筹**：拂晓的更筹。指拂晓时刻。**尚衣**：官名，专门为皇上掌管衣服的官。**翠云裘**：绣着绿色云纹的皮服。②**九天**：即九重，指代帝王住的宫禁之地。**阊阖**：本为传说中的天门，这里借指皇宫的正门，宫门。**冕旒**：礼冠中最尊贵的一种。冠顶有板，板的前端垂有玉串，称为旒。天子之冕十二旒，诸侯九，上大夫七，下大夫五。此处用来指代皇帝。③**仙掌**：指皇帝的仪仗。**衮龙**：皇帝的龙袍。④**裁**：拟写。**五色诏**：用五色纸书写的皇帝诏书。**凤池头**：即凤凰池上，指中书省。

贾至朝帝诗意图　明·佚　名

98

hè jiǎ shè rén zǎo cháo
和贾舍人早朝

táng cén shēn
唐·岑参

jī míng zǐ mò shǔ guāng hán　　yīng zhuàn huáng zhōu chūn sè lán
鸡鸣紫陌曙光寒，莺啭皇州春色阑。①

jīn què xiǎo zhōng kāi wàn hù　　yù jiē xiān zhàng yōng qiān guān
金阙晓钟开万户，玉阶仙仗拥千官。②

huā yíng jiàn pèi xīng chū luò　　liǔ fú jīng qí lù wèi gān
花迎剑珮星初落，柳拂旌旗露未干。

dú yǒu fèng huáng chí shàng kè　　yáng chūn yī qǔ hè jiē nán
独有凤凰池上客，阳春一曲和皆难。③

注释：①紫陌：京城的街道。皇州：指帝都长安。阑：将尽，晚。②阙：本指古代王宫门前两边的高建筑物，这里指代帝王所居之处。玉阶：宫中的石阶。仙仗：指皇帝的仪仗。③客：指贾至。阳春：古乐曲名，是一首高雅难学的曲子。此处用来形容贾至的《早朝大明宫》一诗高雅难和。和：应和。

《孝经图》之《事君章》　明·仇　英

99

上元应制①
shàng yuán yìng zhì

宋·蔡襄
sòng cài xiāng

高列千峰宝炬森，端门方喜翠华临。②
gāo liè qiān fēng bǎo jù sēn，duān mén fāng xǐ cuì huá lín。

宸游不为三元夜，乐事还同万众心。③
chén yóu bú wèi sān yuán yè，lè shì hái tóng wàn zhòng xīn。

天上清光留此夕，人间和气阁春阴。④
tiān shàng qīng guāng liú cǐ xī，rén jiān hé qì gē chūn yīn。

要知尽庆华封祝，四十馀年惠爱深。⑤
yào zhī jìn qìng huà fēng zhù，sì shí yú nián huì ài shēn。

注释：①诗题一作《上元进诗》。上元，上元节，即正月十五元宵节。②高列千峰：一作"叠耸青峰"。宝炬：蜡烛的美称。森：林立，罗列。端门：宫殿的正门，即宣德门。喜：一作"伫"，久立等候。翠华临：指皇帝驾临。③宸：北极星所居，因以借指帝王的宫殿。这里指皇帝。④阁：通"搁"，停留，耽搁。⑤华封祝：即华封三祝。《庄子·天地》："尧观乎华。华封人曰：'嘻，圣人。请祝圣人，使圣人寿。'尧曰：'辞。''使圣人富。'尧曰：'辞。''使圣人多男子。'尧曰：'辞。'封人对曰：'寿、富、多男子，人之所欲也，女独不欲，何邪？'尧曰：'多男子则多惧，富则多事，寿则多辱。是三者非所以养德也，故辞。'"后用为祝颂之辞。

上元应制诗意图　明·佚名

100

shàng yuán yìng zhì
上元应制①

sòng　wáng　guī
宋·王珪

xuě xiāo huá yuè mǎn xiān tái　　wàn zhú dāng lóu bǎo shàn kāi
雪消华月满仙台，万烛当楼宝扇开。②

shuāng fèng yún zhōng fú niǎn xià　　liù áo hǎi shàng jià shān lái
双凤云中扶辇下，六鳌海上驾山来。③

hào jīng chūn jiǔ zhān zhōu yàn　　fén shuǐ qiū fēng lòu hàn cái
镐京春酒沾周宴，汾水秋风陋汉才。④

yī qǔ shēng píng rén jìn lè　　jūn wáng yòu jìn zǐ xiá bēi
一曲升平人尽乐，君王又进紫霞杯。⑤

注释： ①诗题一作《依韵恭和御制上元观灯》。②**华月**：即月华，月亮的光华。**仙台**：指宫中的楼台。**宝扇**：帝后等用的扇状仪杖。③**辇**：用人拉或推的车。秦以前，卿大夫皆可乘辇，秦以后，唯天子才能乘辇。**六鳌**：神话中负载五仙山的六只大龟。④**镐京**：西周国都，这里借指京都长安。**沾**：恩惠施与，德泽所及。**汾水**：水名，在山西省中部。**秋风**：汉武帝所作的《秋风辞》。**陋**：浅陋。⑤**紫霞杯**：高丽国进贡的一种名贵酒杯。

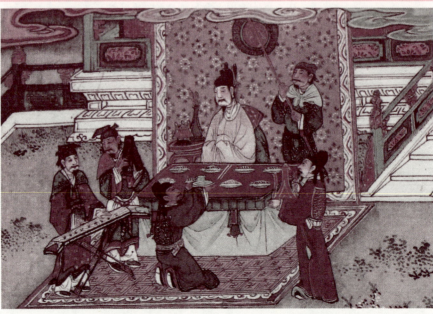

上元应制诗意图　明·佚名

101 侍宴①
shì yàn

唐·沈佺期
táng shěn quán qī

huáng jiā guì zhǔ hào shén xiān　bié yè chū kāi yún hàn biān
皇家贵主好神仙，别业初开云汉边。②

shān chū jìn rú míng fèng lǐng　chí chéng bú ràng yǐn lóng chuān
山出尽如鸣凤岭，池成不让饮龙川。③

zhuāng lóu cuì huǎng jiāo chūn zhù　wǔ gé jīn pū jiè rì xuán
妆楼翠幌教春住，舞阁金铺借日悬。④

shì cóng chéng yú lái cǐ dì　chēng shāng xiàn shòu yuè jūn tiān
侍从乘舆来此地，称觞献寿乐钧天。⑤

注释：①诗题一作《侍宴安乐公主新宅应制》。②贵主：指中宗的女儿安乐公主。好：喜好，亲善。别业：别墅。云汉：银河，天河。此处形容别墅之高。③尽如：全像。鸣凤岭：指陕西省凤翔县的岐山，相传周朝有凤凰鸣于此。不让：不亚于，比得上。饮龙川：指渭水。④翠幌：绿色的帷幔。教春住：这里是说翠幌留春。舞阁：听歌看舞的楼阁。金铺：钉在门上的兽面形的门环底座。借日悬：指金铺映日，像带来了日光。⑤侍从：一作"敬从"。舆：专指天子的车驾。称觞献寿：举起酒杯，表示祝寿。乐：奏乐。钧天：指天宫中所奏的乐曲。

上元游赏诗意图　明·佚　名

千家诗

102

dá dīng yuán zhēn

答丁元珍①

sòng ōu yáng xiū

宋·欧阳修

chūn fēng yí bù dào tiān yá　　　èr yuè shān chéng wèi jiàn huā

春风疑不到天涯,二月山城未见花。②

cán xuě yā zhī yóu yǒu jú　　　dòng léi jīng sǔn yù chōu yá

残雪压枝犹有橘,冻雷惊笋欲抽芽。③

yè wén tí yàn shēng xiāng sī　　　bìng rù xīn nián gǎn wù huá

夜闻啼雁生乡思,病入新年感物华。④

céng shì luò yáng huā xià kè　　　yě fāng suī wǎn bù xū jiē

曾是洛阳花下客,野芳虽晚不须嗟。⑤

注释：①诗题一作《戏答丁元珍》,一作《戏答元珍》。②春风：这里明写春天的风,暗喻皇帝的恩泽。天涯：这里喻指峡州夷陵。山城：和上句的"天涯"一样,指作者所在的峡州夷陵。③冻雷：指春天的雷。因天气未暖,大地还没解冻,故称此。④物华：自然美景。⑤野芳：野花。不须：大可不必。嗟：感叹,叹息。

答丁元珍诗意图 明·佚名

110

103

插 花 吟①

cha hua yin

宋·邵雍
sòng shào yōng

tóu shàng huā zhī zhào jiǔ zhī　　jiǔ zhī zhōng yǒu hǎo huā zhī

头上花枝照酒卮，酒卮中有好花枝。②

shēn jīng liǎng shì tài píng rì　　yǎn jiàn sì cháo quán shèng shí

身经两世太平日，眼见四朝全盛时。③

kuàng fù jīn hái cū kāng jiàn　　nǎ kān shí jié zhèng fāng fēi

况复筋骸粗康健，那堪时节正芳菲。④

jiǔ hán huā yǐng hóng guāng liū　　zhēng rěn huā qián bù zuì guī

酒涵花影红光溜，争忍花前不醉归？⑤

注释：①插花：在头上戴花。吟：一种诗体。②酒卮：酒杯。③两世：指六十年，古代以三十年为一世。四朝：指宋代真宗、仁宗、英宗、神宗四个朝代。④况复：何况又，况且还。筋骸：筋骨，这里指身体。粗：大体上，大略。芳菲：花草盛美。⑤涵：浸润，润泽。溜：滑动，流动。争忍：怎么忍心。

插花吟诗意图　明·佚名

寓意① <small>yù yì</small>

宋·晏殊 <small>sòng yàn shū</small>

油壁香车不再逢，峡云无迹任西东。②
<small>yóu bì xiāng chē bù zài féng　xiá yún wú jì rèn xī dōng</small>

梨花院落溶溶月，柳絮池塘淡淡风。
<small>lí huā yuàn luò róng róng yuè　liǔ xù chí táng dàn dàn fēng</small>

几日寂寥伤酒后，一番萧索禁烟中。③
<small>jǐ rì jì liáo shāng jiǔ hòu　yī fān xiāo suǒ jìn yān zhōng</small>

鱼书欲寄何由达？水远山长处处同。④
<small>yú shū yù jì hé yóu dá　shuǐ yuǎn shān cháng chù chù tóng</small>

注释：①寓意：有所思的诗。诗题一作《无题》。②油壁香车：指妇女所乘的油壁车。逢：相逢。峡云：巫峡的云彩，喻指诗人心中的情人。无迹：没有痕迹。③伤酒：因饮酒过度而致病。萧索：凄凉，萧条。禁烟中：禁火，指寒食节。④鱼书：古乐府《饮马长城窟行》中有："客从远方来，遗我双鲤鱼。呼儿烹鲤鱼，中有尺素书。"后称书信为鱼书。何由达：倒装句，即"由何达"。处处同：处处都是（阻隔）。

寓意诗意图　明·佚 名

105 寒食^①

hán shí

宋·赵鼎

寂寞柴门村落里，也教插柳纪年华。^②
jì mò chái mén cūn luò li　yě jiào chā liǔ jì nián huá

禁烟不到粤人国，上冢亦携庞老家。^③
jìn yān bù dào yuè rén guó　shàng zhǒng yì xié páng lǎo jiā

汉寝唐陵无麦饭，山溪野径有梨花。^④
hàn qǐn táng líng wú mài fàn　shān xī yě jìng yǒu lí huā

一樽竟藉青苔卧，莫管城头奏暮笳。^⑤
yī zūn jìng jí qīng tái wò　mò guǎn chéng tóu zòu mù jiā

注释： ①寒食：诗题一作《寒食书事》。②也教：也要，也会。插柳：古代寒食节的一种风俗。纪年华：标志着岁月在不断地更替。"纪"，通"记"。③粤人国：指广东、广西一带。上冢：上坟，扫墓。携庞老家：带着一家老小去上坟。庞老：指东汉隐士庞德公。据传隐士司马徽去探访，正碰到庞德公一家人上坟回来。④汉寝唐陵：即汉唐帝王的陵寝。麦饭：用粗糙的食物当祭品。⑤樽：盛酒器，这里指饮酒。竟：尽，喝尽。藉：借。暮笳：傍晚时的笳声。"笳"，指汉代流行于塞北和西域的一种类似笛子的管乐器。

叹思故人诗意图 明·佚 名

106

清 明
<small>qīng míng</small>

<small>sòng huáng tíng jiān</small>
宋·黄庭坚

<small>jiā jié qīng míng táo lǐ xiào yě tián huāng zhǒng zhǐ shēng chóu</small>
佳节清明桃李笑，野田荒冢只生愁。①

<small>léi jīng tiān dì lóng shé zhé yǔ zú jiāo yuán cǎo mù róu</small>
雷惊天地龙蛇蛰，雨足郊原草木柔。②

<small>rén qǐ jì yú jiāo qiè fù shì gān fén sǐ bù gōng hóu</small>
人乞祭馀骄妾妇，士甘焚死不公侯。③

<small>xián yú qiān zǎi zhī shuí shì mǎn yǎn péng hāo gòng yī qiū</small>
贤愚千载知谁是，满眼蓬蒿共一丘。④

注释：①笑：指花朵绽放吐艳。冢：高大的坟墓。②龙蛇：指像龙和蛇一样冬眠的爬虫。蛰：动物冬眠，蛰伏。郊原：原野。③人乞祭馀骄妾妇：指《孟子·离娄下》中的一个故事：一齐国人，每天到坟墓间向别人乞讨祭奠死人的酒肉，回到家中就向妻妾炫耀受到富贵人家的款待，妻妾跟踪后发现了真相。士甘焚死不公侯：这里是说介子推被烧死的故事。④贤愚：贤明和愚蠢。蓬蒿：飞蓬与蒿草。丘：这里指坟墓。

清明祭坟诗意图 明·佚 名

107

清　明①

宋·高翥

南北山头多墓田，清明祭扫各纷然。②

纸灰飞作白蝴蝶，泪血染成红杜鹃。③

日落狐狸眠冢上，夜归儿女笑灯前。

人生有酒须当醉，一滴何曾到九泉。④

注释：①诗题一作《清明日对酒》。②纷然：形容人多而忙乱的样子。③纸灰：焚烧冥钱化成的灰。泪血染成红杜鹃：形容悲切之状。传说杜鹃胸前的红斑是被它啼叫时流的血染红的。④九泉：地下深处，常指人死后埋葬的地方。

清明日诗意图　明·佚名

108

jiāo xíng jí shì
郊行即事①

sòng chéng hào
宋·程 颢

fāng yuán lù yě zì xíng shí　chūn rù yáo shān bì sì wéi
芳原绿野恣行时，春入遥山碧四围。②

xìng zhú luàn hóng chuān liǔ xiàng　kùn lín liú shuǐ zuò tái jī
兴逐乱红穿柳巷，困临流水坐苔矶。③

mò cí zhǎn jiǔ shí fēn quàn　zhǐ kǒng fēng huā yī piàn fēi
莫辞盏酒十分劝，只恐风花一片飞。④

kuàng shì qīng míng hǎo tiān qì　bù fáng yóu yǎn mù wàng guī
况是清明好天气，不妨游衍莫忘归。⑤

注释：①郊行即事：春日郊行所作的诗。②芳原绿野：长满鲜花绿草的原野。恣行：任意游玩。时：原作"事"，今据别本改。遥山：远山。③兴：兴致。逐：追逐。乱红：落红。苔矶：水边长满苔藓的石块。矶：水中的积石或水边突出的岩石、石滩。④风花一片飞：风吹花儿片片飞落。⑤游衍：肆意游乐。莫：通"暮"。

郊行即事诗意图 明·佚 名

109

qiū qiān
秋 千①

sòng sēng huì hóng
宋·僧惠洪

huà jià shuāng cái cuì luò piān　jiā rén chūn xì xiǎo lóu qián
画架双裁翠络偏，佳人春戏小楼前。②

piāo yáng xuè sè qún tuō dì　duàn sòng yù róng rén shàng tiān
飘扬血色裙拖地，断送玉容人上天。③

huā bǎn rùn zhān hóng xìng yǔ　cǎi shéng xié guà lǜ yáng yān
花板润沾红杏雨，彩绳斜挂绿杨烟。④

xià lái xián chù cóng róng lì　yí shì chán gōng zhé jiàng xiān
下来闲处从容立，疑是蟾宫谪降仙。⑤

注释：①秋千：传统体育游戏用具。②作者僧惠洪，亦即洪觉范。画架：指有画饰的秋千架。翠络：青绿色的绳索。偏：斜，形容秋千在摇荡、摆动。③血色：红色。断送：推送。玉容：形容如花似玉的容貌。④花板：秋千上画有彩画的踏板。红杏雨：形容飘落的红杏花瓣。⑤闲处：幽闲之处。疑是：真像是。蟾宫：月宫。谪降仙：贬谪下凡的仙子，此处指嫦娥。

秋千春戏诗意图　明·佚 名

110 曲江对酒·其一①

qū jiāng duì jiǔ qí yī

táng dù fǔ
唐·杜甫

yī piàn huā fēi jiǎn què chūn fēng piāo wàn diǎn zhèng chóu rén
一片花飞减却春，风飘万点正愁人。②

qiě kàn yù jìn huā jīng yǎn mò yàn shāng duō jiǔ rù chún
且看欲尽花经眼，莫厌伤多酒入唇。③

jiāng shàng xiǎo táng cháo fěi cuì yuàn biān gāo zhǒng wò qí lín
江上小堂巢翡翠，苑边高冢卧麒麟。④

xì tuī wù lǐ xū xíng lè hé yòng fú míng bàn cǐ shēn
细推物理须行乐，何用浮名绊此身。⑤

注释：①诗题一作《曲江·其一》。**曲江**：即曲江池，在今陕西省西安市东南。秦代为宜春苑，汉代为乐游原，有河水水流曲折，故称。隋文帝以曲名不正，更名芙蓉园。唐复名曲江。开元中更加疏凿，成为中和、上巳等盛节的游赏胜地。②**减却春**：减却春光。**风飘万点**：随风飘落的万点花瓣。③**欲尽花**：将要落尽的花。**经眼**：飘过眼前。**伤多**：因过量而伤人。④**翡翠**：即翡翠鸟。古代雄鸟称"翡"，雌鸟称"翠"。**苑边**：指芙蓉苑边。**高冢**：高大的坟墓。**卧**：坍塌倒卧。**麒麟**：传说中的仁兽名，象征吉祥。这里指坟墓前面的石兽。⑤**细推物理**：细细推究万物兴衰交替的道理。**浮名**：浮华的虚名。

曲江诗意图　明·佚名

111

曲江对酒·其二
qū jiāng duì jiǔ qí èr

唐·杜甫
táng dù fǔ

cháo huí rì rì diǎn chūn yī měi rì jiāng tóu jìn zuì guī
朝回日日典春衣，每日江头尽醉归。①

jiǔ zhài xún cháng xíng chù yǒu rén shēng qī shí gǔ lái xī
酒债寻常行处有，人生七十古来稀。②

chuān huā jiá dié shēn shēn xiàn diǎn shuǐ qīng tíng kuǎn kuǎn fēi
穿花蛱蝶深深见，点水蜻蜓款款飞。③

chuán yǔ fēng guāng gòng liú zhuǎn zàn shí xiāng shǎng mò xiāng wéi
传语风光共流转，暂时相赏莫相违。④

注释：①朝回：退朝回来。典：典当，抵押。江头：江边。②酒债：赊酒欠下的债。寻常行处：平常所到的地方。③深深：花丛深处。见：通"现"。点水：原作"点点"，今据别本改。款款：徐缓的样子。④传语：原作"传与"，今据别本改。风光：春光。流转：运行变迁。违：违背，违反。

曲江诗意图　明·佚名

119

112

黄鹤楼①

唐·崔颢

昔人已乘黄鹤去，此地空余黄鹤楼。②

黄鹤一去不复返，白云千载空悠悠。

晴川历历汉阳树，芳草萋萋鹦鹉洲。③

日暮乡关何处是？烟波江上使人愁！④

注释：①黄鹤楼：故址在今湖北武汉市蛇山黄鹤矶头。相传始建于三国吴黄武二年（223年），历代屡毁屡建。古今诗人题咏者甚众。②昔人：指传说中乘鹤而去的仙人。黄鹤："昔人已乘黄鹤去"的"黄鹤"。原作"白云"，今据别本改。余：留下。③历历：一一分明。汉阳：地名，在湖北省武汉市西南部，与黄鹤楼隔江相望。鹦鹉洲：在今湖北省武汉市西南长江中。相传东汉末江夏太守黄祖长子黄射在此大会宾客，有人献鹦鹉，祢衡作《鹦鹉赋》。后祢衡被黄祖所杀，葬于洲上，因此而得名。④乡关：故乡。

黄鹤楼图 明·佚名

旅 怀①
lǚ huái

唐·崔涂
táng cuī tú

shuǐ liú huā xiè liǎng wú qíng sòng jìn dōng fēng guò chǔ chéng
水流花谢两无情，送尽东风过楚城。②

hú dié mèng zhōng jiā wàn lǐ dù juān zhī shàng yuè sān gēng
蝴蝶梦中家万里，杜鹃枝上月三更。③

gù yuán shū dòng jīng nián jué huā fà chūn cuī liǎng bìn shēng
故园书动经年绝，华发春催两鬓生。④

zì shì bù guī guī biàn dé wǔ hú yān jǐng yǒu shuí zhēng
自是不归归便得，五湖烟景有谁争？⑤

注释：①诗题一作《春夕》，一作《春夕旅怀》。②**楚**：战国时的楚地，今湖北省、湖南省一带。③**蝴蝶梦**：《庄子·齐物论》："昔者庄周梦为蝴蝶，栩栩然蝴蝶也。"这里指诗人梦见自己化为蝴蝶飞回了家乡。**杜鹃枝上月三更**：一作"子规枝上月三更"。④**动**：动辄。**经年**：经过一年。**华发春催两鬓生**：一作"华发春唯满镜生"。⑤**得**：能够。这里指回到日思夜想的故乡。**五湖**：春秋末期越国大夫范蠡，辅佐越王勾践灭吴，功成身退，乘轻舟隐于五湖。**烟景**：春天的景色。

旅怀诗意图 明·佚名

114

dá lǐ dān
答李儋①

táng wéi yìng wù
唐·韦应物

qù nián huā lǐ féng jūn bié　jīn rì huā kāi yòu yī nián
去年花里逢君别，今日花开又一年。②

shì shì máng máng nán zì liào　chūn chóu àn àn dú chéng mián
世事茫茫难自料，春愁黯黯独成眠。③

shēn duō jí bìng sī tián lǐ　yì yǒu liú wáng kuì fèng qián
身多疾病思田里，邑有流亡愧俸钱。④

wén dào yù lái xiāng wèn xùn　xī lóu wàng yuè jǐ huí yuán
闻道欲来相问讯，西楼望月几回圆。⑤

注释：①儋：原作"瞻"，今据别本改。诗题一作《寄李儋元锡》。李儋，字元锡，唐朝宗室，曾任殿中侍御史，作者的好友。②逢君别：与君相逢后又别离。③世事：世上的事。茫茫：模糊不清，昏昧不明。难自料：难以自己预料。黯黯：情绪低沉的样子。④田里：指家乡。邑：县，这里指韦应物担任刺史的滁州境内。⑤闻道：听说。问讯：探望。

答李儋诗意图　明·佚名

115

江 村
jiāng cūn

唐·杜甫
táng dù fǔ

清江一曲抱村流，长夏江村事事幽。①
qīng jiāng yī qū bào cūn liú　cháng xià jiāng cūn shì shì yōu

自去自来梁上燕，相亲相近水中鸥。
zì qù zì lái liáng shàng yàn　xiāng qīn xiāng jìn shuǐ zhōng ōu

老妻画纸为棋局，稚子敲针作钓钩。②
lǎo qī huà zhǐ wéi qí jú　zhì zǐ qiāo zhēn zuò diào gōu

多病所须惟药物，微躯此外更何求？③
duō bìng suǒ xū wéi yào wù　wēi qū cǐ wài gèng hé qiú

注释：①清江：指浣花溪。曲：水流弯曲处。"一曲"即"一弯"。幽：清幽安静。②棋局：棋盘。稚子：小儿子。钓钩：鱼钩。③多病所须惟药物：一作"但有故人供禄米"。微躯：微贱的身躯，常用作谦词。更：一作"复"。

江村诗意图　明·佚名

116

xià rì
夏 日①

sòng zhāng lěi
宋·张 耒

cháng xià jiāng cūn fēng rì qīng yán yá yàn què yǐ shēng chéng
长夏江村风日清，檐牙燕雀已生成。②

dié yī shài fěn huā zhī wǔ zhū wǎng tiān sī wū jiǎo qíng
蝶衣晒粉花枝舞，蛛网添丝屋角晴。③

luò luò shū lián yāo yuè yǐng cáo cáo xū zhěn nà xī shēng
落落疏帘邀月影，嘈嘈虚枕纳溪声。④

jiǔ bān liǎng bìn rú shuāng xuě zhí yù qiáo yú guò cǐ shēng
久斑两鬓如霜雪，直欲樵渔过此生。⑤

注释：①《夏日》共三首，此为第一首。②长夏：漫长的夏天。风日清：日丽风清。檐牙：屋檐上像牙一样排列的滴水瓦。已生成：指羽翼丰满。③蝶衣：指蝴蝶翅膀。添丝：添加新丝。④落落：零落、稀疏的样子。影：原作"饮"，今据别本改。嘈嘈：形容喧闹的流水声。⑤斑：原作"班"，今据别本改。直欲：直想，只想。樵渔：打柴的人和捕鱼的人。

夏日诗意图 明·佚名

117

wǎng chuān jī yǔ
辋川积雨①

táng wáng wéi
唐·王 维

jī yǔ kōng lín yān huǒ chí   zhēng lí chuī shǔ xiǎng dōng zī
积雨空林烟火迟,蒸藜炊黍饷东菑。②

mò mò shuǐ tián fēi bái lù   yīn yīn xià mù zhuàn huáng lí
漠漠水田飞白鹭,阴阴夏木啭黄鹂。③

shān zhōng xí jìng guān zhāo jǐn   sōng xià qīng zhāi zhé lù kuí
山中习静观朝槿,松下清斋折露葵。④

yě lǎo yǔ rén zhēng xí bà   hǎi ōu hé shì gèng xiāng yí
野老与人争席罢,海鸥何事更相疑?⑤

注释:①诗题一作《积雨辋川庄作》,一作《秋归辋川庄作》。辋川:在陕西省蓝田县南。源出秦岭北麓,北流至县南入灞水。唐诗人王维曾置宅于此。②积雨:犹久雨。烟火迟:烟火缓缓上升。藜:草名,又名灰藋、灰菜,嫩叶可吃,茎老可作拐杖,也用于点火照明。饷:给在田间耕作的人送饭。菑:初耕一年的田。③漠漠:辽阔无边的样子。阴阴:形容树木深幽。④朝槿:即木槿。花朝开暮落,故常来比喻事物变化之迅速或时间的短暂。葵:菜名,我国古代重要的蔬菜之一,又名冬葵,可入药。⑤争席:争座位。表示彼此融洽无间,不拘礼节,见《庄子·寓言》。海鸥何事更相疑:为什么海鸥见我走近就飞走了,对我心存疑虑呢?

辋川积雨诗意图 明·佚 名

118

新竹①
xīn zhú

宋·陆游
sòng lù yóu

插棘编篱谨护持，养成寒碧映涟漪。②
chā jí biān lí jǐn hù chí　yǎng chéng hán bì yìng lián yī

清风掠地秋先到，赤日行天午不知。③
qīng fēng lüè dì qiū xiān dào　chì rì xíng tiān wǔ bù zhī

解箨时闻声簌簌，放梢初见影离离。④
jiě tuò shí wén shēng sù sù　fàng shāo chū jiàn yǐng lí lí

归闲我欲频来此，枕簟仍教到处随。⑤
guī xián wǒ yù pín lái cǐ　zhěn diàn réng jiāo dào chù suí

注释：①诗题一作《东湖新竹》。②棘：荆棘。谨：小心，谨慎。寒碧：指丛丛浓密的绿荫。涟漪：细微的波纹。③掠地：（风）擦过或拂过地面。行天：行空，经行天空。④解箨：谓竹笋脱壳。放梢：竹梢展开新叶。梢：原作"稍"，今据别本改。影离离：竹影纷繁的样子。这里形容竹子长得茂密繁多。⑤归闲：回家闲居。频：经常。枕：枕头，竹枕。簟：竹席。

新竹诗意图　明·佚名

119

夏夜宿表兄话旧①
唐·窦叔向

夜合花开香满庭，夜深微雨醉初醒。②

远书珍重何曾达，旧事凄凉不可听。③

去日儿童皆长大，昔年亲友半凋零。④

明朝又是孤舟别，愁见河桥酒幔青。⑤

注释：①诗题一作《表兄话旧》。**话旧**：谈论往事。②**夜合花**：植物名，落叶灌木，叶椭圆形，至长圆形，先端尾状渐尖。花顶生，色白，极香。③**书**：书信。**何曾达**：一作"何由答"，今据别本改。**不可听**：无法听，不忍心去听。④**去日**：过去的。**昔年**：从前的，往年的。**半凋零**：多半已经离开了人世。⑤**酒幔青**：酒店门前悬挂的青色布招子。

表兄话旧诗意图 明·佚 名

120

偶 成①

ǒu　chéng

sòng　chéng　hào
宋·程颢

xián lái wú shì bù cóng róng　shuì jiào dōng chuāng rì yǐ hóng
闲来无事不从容，睡觉东窗日已红。②

wàn wù jìng guān jiē zì dé　sì shí jiā xìng yǔ rén tóng
万物静观皆自得，四时佳兴与人同。③

dào tōng tiān dì yǒu xíng wài　sī rù fēng yún biàn tài zhōng
道通天地有形外，思入风云变态中。④

fù guì bù yín pín jiàn lè　nán ér dào cǐ shì háo xióng
富贵不淫贫贱乐，男儿到此是豪雄。⑤

注释：①偶成：偶然有所感写成。②闲：安闲，悠闲。从容：不慌不忙，悠闲舒缓。觉：醒来。③静观：仔细审察；冷静观察。皆自得：都有心得体会。佳兴：饶有兴味的情趣。④有形外：有形之外。变态：万事万物变化的不同情状。⑤豪雄：豪杰。

秋景偶成诗意图　明·佚名

121

yóu yuè bēi
游月陂①

sòng chéng hào
宋·程颢

yuè bēi dī shàng sì pái huái　běi yǒu zhōng tiān bǎi chǐ tái
月陂堤上四徘徊，北有中天百尺台。②

wàn wù yǐ suí qiū qì gǎi　yī zūn liáo wèi wǎn liáng kāi
万物已随秋气改，一樽聊为晚凉开。③

shuǐ xīn yún yǐng xián xiāng zhào　lín xià quán shēng jìng zì lái
水心云影闲相照，林下泉声静自来。

shì shì wú duān hé zú jì　dàn féng jiā jié yuē chóng péi
世事无端何足计，但逢佳节约重陪。④

注释：①月陂：水泊名。②四徘徊：四处来来回回地走。③樽：酒杯。④无端：没有尽头。何足计：不值得认真计较。

游月陂诗意图　明·佚名

122

qiū xìng qí yī

秋兴·其一

táng dù fǔ

唐·杜 甫

yù lù diāo shāng fēng shù lín　wū shān wū xiá qì xiāo sēn
玉露凋伤枫树林，巫山巫峡气萧森。①

jiāng jiān bō làng jiān tiān yǒng　sài shàng fēng yún jiē dì yīn
江间波浪兼天涌，塞上风云接地阴。②

cóng jú liǎng kāi tā rì lèi　gū zhōu yī xì gù yuán xīn
丛菊两开他日泪，孤舟一系故园心。③

hán yī chù chù cuī dāo chǐ　bái dì chéng gāo jí mù zhēn
寒衣处处催刀尺，白帝城高急暮砧。④

注释：①**玉露：**白露。**巫山：**山名，在今重庆市巫山县东南。**巫峡：**长江三峡之一。西起四川省巫山县大溪，东至湖北省巴东县官渡口。因巫山而得名。**萧森：**萧索阴晦的样子。②**兼：**这里指连。**塞上：**北方边塞，这里指巫山。③**两开：**两次开放。**他日：**往日。**故园：**故乡，家园，这里指长安。④**催：**催促，促使。**刀：**剪刀。**砧：**捣衣石。

江亭饯别图　明·杜 琼

123

qiū xìng qí sān
秋兴·其三①

唐·杜甫

qiān jiā shān guō jìng zhāo huī　　rì rì jiāng lóu zuò cuì wēi
千家山郭静朝晖，日日江楼坐翠微。②

xìn sù yú rén hái fàn fàn　　qīng qiū yàn zǐ gù fēi fēi
信宿渔人还泛泛，清秋燕子故飞飞。③

kuāng héng kàng shū gōng míng bó　　liú xiàng chuán jīng xīn shì wéi
匡衡抗疏功名薄，刘向传经心事违。④

tóng xué shào nián duō bù jiàn　　wǔ líng qiú mǎ zì qīng féi
同学少年多不贱，五陵裘马自轻肥。⑤

注释：①秋兴：秋日的情怀和兴会。②山郭：山城，山村。江楼：俯临江水的楼阁。翠微：山气青翠的样子。③信宿：指连宿两宿。信：再。故：依然。④匡衡：字稚圭。西汉人，常上疏论政，深得元帝赏识。功名：官职。薄：卑微。刘向：西汉经学家，曾讲论六经，点校内府五经。⑤五陵：汉代五个皇帝的陵墓，是贵族富商集居地，古代常用于指代权贵之人。裘：一作"衣"。轻肥：轻暖和肥壮。

《放翁诗意图》之《天际敛云山尽出　江流收涨水初平》　清·王翚

131

124 秋兴·其五

qiū xìng qí wǔ

唐·杜甫
táng dù fǔ

蓬莱宫阙对南山，承露金茎霄汉间。①
péng lái gōng què duì nán shān chéng lù jīn jīng xiāo hàn jiān

西望瑶池降王母，东来紫气满函关。②
xī wàng yáo chí jiàng wáng mǔ dōng lái zǐ qì mǎn hán guān

云移雉尾开宫扇，日绕龙鳞识圣颜。③
yún yí zhì wěi kāi gōng shàn rì rào lóng lín shí shèng yán

一卧沧江惊岁晚，几回青琐点朝班。④
yī wò cāng jiāng jīng suì wǎn jǐ huí qīng suǒ diǎn cháo bān

注释： ①**蓬莱宫阙：** 宫殿名，唐高宗时将大明宫改名为蓬莱宫。**对：** 对峙。**南山：** 指长安城南面的终南山。**承露：** 即承露盘。**金茎：** 用以擎承露盘的铜柱。汉武帝时用铜铸成仙人，手托用红玉磨制的芙蓉状的承露盘，承接玉露。据称，饮此露可长生不老。②**瑶池：** 传说中西王母的居所，在昆仑山。**东来紫气：** 司马贞索隐引汉刘向《列仙传》："老子西游；关令尹喜望有紫气浮关，而老子果乘青牛而过也。"后遂以"紫气东来"表示祥瑞。③**雉尾：** 即雉尾扇。古代帝王仪仗用具之一。**龙鳞：** 指皇帝的衮服，龙袍。④**青琐：** 门窗上镂刻的青色图纹。

蓬莱仙境图
清·袁耀

125

秋兴·其七
qiū xìng qí qī

唐·杜甫
táng dù fǔ

昆明池水汉时功，武帝旌旗在眼中。①
kūn míng chí shuǐ hàn shí gōng，wǔ dì jīng qí zài yǎn zhōng

织女机丝虚夜月，石鲸鳞甲动秋风。②
zhī nǚ jī sī xū yè yuè，shí jīng lín jiǎ dòng qiū fēng

波漂菰米沉云黑，露冷莲房坠粉红。③
bō piāo gū mǐ chén yún hēi，lù lěng lián fáng zhuì fěn hóng

关塞极天惟鸟道，江湖满地一渔翁。④
guān sài jí tiān wéi niǎo dào，jiāng hú mǎn dì yī yú wēng

注释：①昆明池：湖沼名。汉武帝元狩三年（前120年）于长安西南郊所凿，以习水战。宋以后湮没。②织女：指昆明池边用石头雕刻的织女像。虚：空。石鲸：指昆明池的石刻鲸鱼。③菰米：菰之实。一名雕胡米，古以为六穀之一。粉红：指粉红色的荷花花瓣。④极天：至天。江湖满地一渔翁：作者把自己比作一个江湖上漂泊无依的渔翁。

忘却芦花丛里宿图 清·袁 耀

133

126

yuè yè zhōu zhōng
月夜舟中

sòng dài fù gǔ
宋·戴复古

mǎn chuán míng yuè jìn xū kōng　lǜ shuǐ wú hén yè qì chōng
满船明月浸虚空，绿水无痕夜气冲。①

shī sī fú chén qiáng yǐng lǐ　mèng hún yáo yè lǔ shēng zhōng
诗思浮沉樯影里，梦魂摇曳橹声中。②

xīng chén lěng luò bì tán shuǐ　hóng yàn bēi míng hóng liǎo fēng
星辰冷落碧潭水，鸿雁悲鸣红蓼风。③

shù diǎn yú dēng yī gǔ àn　duàn qiáo chuí lù dī wú tóng
数点渔灯依古岸，断桥垂露滴梧桐。④

注释：①浸：原作"静"，今据别本改。夜气冲：指秋夜寒气逼人。②樯影：船桅杆的影子。③冷落：冷清，寂寥。红蓼：蓼的一种。多生水边，花呈淡红色。④古岸：古老的堤岸。断桥：毁坏的桥梁。垂露：露珠下滴。

月夜舟中诗意图　明·佚名

127

cháng ān qiū wàng
长安秋望①

唐·赵嘏
táng zhào gǔ

yún wù qī liáng fú shǔ liú　hàn jiā gōng què dòng gāo qiū
云物凄凉拂署流，汉家宫阙动高秋。②

cán xīng jǐ diǎn yàn héng sài　cháng dí yī shēng rén yǐ lóu
残星几点雁横塞，长笛一声人倚楼。③

zǐ yàn bàn kāi lí jú jìng　hóng yī luò jìn zhǔ lián chóu
紫艳半开篱菊静，红衣落尽渚莲愁。④

lú yú zhèng měi bù guī qù　kōng dài nán guān xué chǔ qiú
鲈鱼正美不归去，空戴南冠学楚囚。⑤

注释：①诗题一作《长安晚秋》，又作《长安秋夕》。②云物：云彩。凄凉：一作"凄清"。拂署：拂晓。"署"通"曙"，破晓，天刚亮的时候。流：流动。汉家宫阙：这里指唐朝宫殿，唐人常常用汉代来指代唐代。动：进入，呈现出。③横：飞过。人倚楼：这里指吹笛子的人斜靠着楼。④紫艳：艳丽的紫色，这里是形容菊花的色彩。篱菊：谓篱下的菊花。红衣：莲花瓣的别称。渚：水中小块陆地。⑤鲈鱼正美：这里引用了典故。西晋张翰在洛阳作官，因见秋风起，乃思吴中菰菜、纯羹、鲈鱼脍，遂弃官归乡。空戴南冠学楚囚：这里引用了典故。《左传·成公九年》："晋侯观于军府，见钟仪。问之曰：'南冠而絷者，谁也？'有司对曰：'郑人所献楚囚也。'"后借指羁留异地或作为囚犯的代称。这里表达了作者热爱祖国、思念故土的情怀。

长安秋望诗意图　明·佚名

128

新 秋^①

唐·杜甫

火云犹未敛奇峰，欹枕初惊一叶风。^②

几处园林萧瑟里，谁家砧杵寂寥中。^③

蝉声断续悲残月，萤焰高低照暮空。^④

赋就金门期再献，夜深搔首叹飞蓬。^⑤

注释：①新秋：初秋。②火云：夏季炽热的云彩。欹：通"倚"，斜靠。一叶风：这里指秋风。有"一叶落而知天下秋"之说，因此称为"一叶风"。③砧杵：捣衣石和棒槌。这里指捣衣声。④残月：将落的月亮。萤焰：即萤光，萤火虫发出的光。高低：忽高忽低。⑤赋就：写成文赋。飞蓬：一种多年生的草本植物，花似柳絮，聚而飞，故名。

新秋诗意图 明·佚名

136

中秋
zhōng qiū

129

宋·李朴
sòng lǐ pǔ

hào pò dāng kōng bǎo jìng shēng　yún jiān xiān lài jì wú shēng
皓魄当空宝镜升，云间仙籁寂无声。①

píng fēn qiū sè yī lún mǎn　cháng bàn yún qú qiān lǐ míng
平分秋色一轮满，长伴云衢千里明。②

jiǎo tù kōng cóng xián wài luò　yāo má xiū xiàng yǎn qián shēng
狡兔空从弦外落，妖蟆休向眼前生。③

líng chá nǐ yuē tóng xié shǒu　gèng dài yín hé chè dǐ qīng
灵槎拟约同携手，更待银河彻底清。④

注释：①皓魄：明月。亦指明亮的月光。当空：一作"当天"。宝镜：一作"晓镜"。云间：一作"云闲"。仙籁：仙乐。这里指天上的声音。籁：自然界发出的声音。②平分秋色：语本《楚辞·九辩》："皇天平分四时兮，窃独悲此廪秋。"后以"平分秋色"比喻双方各得一半。衢：街。③狡兔：指传说中居住在月宫里的玉兔。弦：弦月。妖蟆：传说中月宫里食月的蟾蜍。眼前：一作"眼边"。④灵槎：能到往天河的船筏。"槎"，指竹、木筏。彻底：一作"到底"。

中秋月诗意图 明·佚名

137

130

jiǔ rì lán tián huì yǐn
九日蓝田会饮①

táng dù fǔ
唐·杜甫

lǎo qù bēi qiū qiǎng zì kuān　xìng lái jīn rì jìn jūn huān
老去悲秋强自宽，兴来今日尽君欢。②

xiū jiāng duǎn fà hái chuī mào　xiào qìng páng rén wèi zhèng guān
羞将短发还吹帽，笑倩旁人为正冠。③

lán shuǐ yuǎn cóng qiān jiàn luò　yù shān gāo bìng liǎng fēng hán
蓝水远从千涧落，玉山高并两峰寒。④

míng nián cǐ huì zhī shuí jiàn　zuì bǎ zhū yú zǐ xì kàn
明年此会知谁健？醉把茱萸仔细看。⑤

注释：①诗题一作《九日蓝田崔氏庄》。**九日**：指阴历九月九日重阳节。**蓝田**：地名，在今陕西省蓝田县。②**强自宽**：勉强自我宽慰。**兴**：兴致。**尽君欢**：与你一起尽情欢乐。**君**：指崔氏。③**吹帽**：语出《晋书·孟嘉传》："九月九日，温（桓温）燕龙山，僚佐毕集，时佐吏并著戎服，有风至，吹嘉（孟嘉）帽堕落，嘉不之觉。"后以"吹帽"为重阳登高雅集的典故。**倩**：使，请。**冠**：帽子。④**蓝水**：在今陕西省蓝田县东。**玉山**：即蓝田山，因盛产美玉，故名。**高并**：高耸并峙。⑤**此会**：指像今日这样的重阳佳会。**茱萸**：植物名。香味浓烈，可入药。古代风俗，农历九月九日佩戴茱萸可驱邪避灾。

九日蓝田会饮诗意图 明·佚名

(131)

秋思

_{qiū sī}

宋·陆游

利欲驱人万火牛，江湖浪迹一沙鸥。①

日长似岁闲方觉，事大如天醉亦休。②

砧杵敲残深巷月，井梧摇落故园秋。③

欲舒老眼无高处，安得元龙百尺楼？④

注释：①火牛：双角缚兵刃，尾部束苇灌脂，焚之使冲杀敌军的牛。语本《史记·田单列传》："(田单)乃收城中得千馀牛……束兵刃于其角，而灌脂束苇于尾，烧其端；凿城数十穴，夜纵牛，壮士五千人随其后，牛尾热，怒而奔燕军，燕军夜大惊。"②休：罢了。③砧杵：捣衣声。④舒：舒展。元龙百尺楼：《三国志·魏志·陈登传》："(刘备)曰：'君(许汜)求田问舍，言无可采，是元龙所讳也，何缘当与君语？如小人，欲卧百尺楼上，卧君于地，何但上下床之间邪？'"后借指抒发壮怀的登临处。

秋思诗意图 明·佚名

132

与朱山人①

yǔ zhū shān rén

táng dù fǔ
唐·杜甫

jǐn lǐ xiān shēng wū jiǎo jīn yuán shōu yù lì wèi quán pín
锦里先生乌角巾，园收芋栗未全贫。②

guàn kàn bīn kè ér tóng xǐ dé shí jiē chú niǎo què xùn
惯看宾客儿童喜，得食阶除鸟雀驯。③

qiū shuǐ cái shēn sì wǔ chǐ yě háng qià shòu liǎng sān rén
秋水才深四五尺，野航恰受两三人。④

bái shā cuì zhú jiāng cūn mù xiāng sòng chái mén yuè sè xīn
白沙翠竹江村暮，相送柴门月色新。⑤

注释：①诗题一作《南邻》。②**锦里先生**：指朱山人。**乌角巾**：黑色的头巾。古代多为隐居不仕者的帽子。**芋栗**：芋头和栗子。**未全贫**：还不算极其贫穷。③**阶除**：台阶。**驯**：驯服，在这里指见人不惊。④**野航**：农家小船。**恰受**：恰好承载。⑤**白沙**：白色的沙滩。

与朱山人诗意图 明·佚名

闻 笛

wén dí

唐·赵嘏
táng zhào gǔ

shuí jiā chuī dí huà lóu zhōng　duàn xù shēng suí duàn xù fēng
谁家吹笛画楼中，断续声随断续风。

xiǎng è xíng yún héng bì luò　qīng hè lěng yuè dào lián lóng
响遏行云横碧落，清和冷月到帘栊。①

xìng lái sān nòng yǒu huán zǐ　fù jiù yī piān huái mǎ róng
兴来三弄有桓子，赋就一篇怀马融。②

qǔ bà bù zhī rén zài fǒu　yú yīn liáo liàng shàng piāo kōng
曲罢不知人在否，馀音嘹亮尚飘空。

注释：①遏：阻拦，阻止。横：响彻。碧落：天空。和：伴奏。帘栊：窗帘和窗牖。②三弄：这里指三支笛曲。桓子：指东晋著名音乐家桓伊，善吹笛，《晋书·桓伊传》："（伊）善音乐，尽一时之妙……徽（王徽之）便令人谓伊曰：'闻君善吹笛，试为我一奏。'伊是时已贵显，素闻徽之名，便下车，踞胡床，为作三调，弄毕，便上车去。"马融：东汉人，所作的《长笛赋》十分著名。

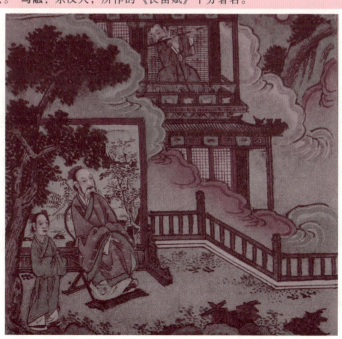

闻笛诗意图 明·佚名

134

dōng jǐng
冬　景

sòng liú kè zhuāng
宋·刘克庄

qíng chuāng zǎo jiào ài zhāo xī　zhú wài qiū shēng jiàn zuò wēi
晴窗早觉爱朝曦，竹外秋声渐作威。①

mìng pú ān pái xīn nuǎn gé　hū tóng yù tiē jiù hán yī
命仆安排新暖阁，呼童熨贴旧寒衣。②

yè fú nèn lǜ jiǔ chū shú　chéng qiē xiāng huáng xiè zhèng féi
叶浮嫩绿酒初熟，橙切香黄蟹正肥。③

róng jú mǎn yuán jiē kě xiàn　shǎng xīn cóng cǐ mò xiāng wéi
蓉菊满园皆可羡，赏心从此莫相违。④

注释：①早觉：早晨醒来。朝曦：早晨的阳光。秋声：指秋天里自然界的声音，如风声、落叶声、虫鸣声等。②暖阁：与大屋子隔开而又相通连的小房间，可设炉取暖。寒衣：御寒的衣服。③叶浮嫩绿酒初熟：刚酿出来的新酒，清得像用嫩叶煮出的香茗。④蓉菊：木芙蓉和菊花。赏心：心意欢娱。违：违背，错过。

满园蓉菊诗意图　明·佚　名

135

dōng jǐng
冬 景①

táng dù fǔ
唐·杜 甫

tiān shí rén shì rì xiāng cuī　　dōng zhì yáng shēng chūn yòu lái
天时人事日相催，冬至阳生春又来。②

cì xiù wǔ wén tiān ruò xiàn　　chuī jiā liù guǎn dòng fēi huī
刺绣五纹添弱线，吹葭六琯动飞灰。③

àn róng dài là jiāng shū liǔ　　shān yì chōng hán yù fàng méi
岸容待腊将舒柳，山意冲寒欲放梅。④

yún wù bù shū xiāng guó yì　　jiāo ér qiě fù zhǎng zhōng bēi
云物不殊乡国异，教儿且覆掌中杯。⑤

注释：①诗题一作《冬至》，一作《小至》。②**天时**：自然界的时序节令。**人事**：指人世间的事。**冬至**：二十四节气之一。**阳生**：阳气初生。③**五纹**：五彩花纹。**弱线**：指丝线。**吹葭**：古代候气之法，以葭莩灰填律管之内端，气至则灰散。**六琯**：玉制六律管。**琯**：原作"管"，今据别本改。④**岸容**：河岸边景象。**腊**：腊月。**舒**：舒展，舒放，萌发。**山意**：山中的景象。**冲寒**：冲破寒冷。**放**：绽放。⑤**云物**：日旁云气的颜色。古人借以观测吉凶水旱。**殊**：不同。**乡国**：家乡，故乡。**覆**：倾尽，这里指饮尽。

冬景诗意图 明·佚名

136 梅花^①

méi huā

宋·林逋
sòng lín bū

众芳摇落独暄妍，占尽风情向小园。^②
zhòng fāng yáo luò dú xuān yán   zhàn jìn fēng qíng xiàng xiǎo yuán

疏影横斜水清浅，暗香浮动月黄昏。
shū yǐng héng xié shuǐ qīng qiǎn   àn xiāng fú dòng yuè huáng hūn

霜禽欲下先偷眼，粉蝶如知合断魂。^③
shuāng qín yù xià xiān tōu yǎn   fěn dié rú zhī hé duàn hún

幸有微吟可相狎，不须檀板共金樽。^④
xìng yǒu wēi yín kě xiāng xiá   bù xū tán bǎn gòng jīn zūn

注释：①诗题一作《山园小梅》。②芳：指花。摇落：凋谢，零落。暄妍：指纷繁而美艳。③霜禽：霜鸟，指白鸥、白鹭等。偷眼：偷看。合：应当。④微吟：低声吟诵。狎：亲昵，亲近。檀板：乐器名，檀木制的拍板，这里指歌唱。共：和。金樽：酒尊的美称，这里指饮酒。

梅花诗意图 明·佚名

137

zuǒ qiān zhì lán guān shì zhí sūn xiāng

左迁至蓝关示侄孙湘

唐·韩愈
táng hán yù

yī fēng cháo zòu jiǔ chóng tiān　xī biǎn cháo yáng lù bā qiān
一封朝奏九重天，夕贬潮阳路八千。①

běn wèi shèng cháo chú bì shì　gǎn jiāng shuāi xiǔ xī cán nián
本为圣朝除弊事，敢将衰朽惜残年。②

yún héng qín lǐng jiā hé zài　xuě yōng lán guān mǎ bù qián
云横秦岭家何在？雪拥蓝关马不前。③

zhī rǔ yuǎn lái yīng yǒu yì　hǎo shōu wú gǔ zhàng jiāng biān
知汝远来应有意，好收吾骨瘴江边。④

注释：①一封朝奏：指韩愈为谏阻宪宗迎奉佛骨所上的奏折。潮阳：今广东省潮阳县。潮，原作"朝"，今据别本改。②本：一作"欲"。朝：一作"明"。敢：一作"肯"。惜：怜惜。一作"计"。③秦岭：又名秦山、终南山，位于今陕西省境内。拥：通"壅"，堵塞。蓝关：即峣关，在陕西省蓝田县南。④汝：指诗人的侄孙韩湘。瘴江边：指盛行瘴气的潮州一带。瘴：即瘴气，南方山林中的湿热空气。

自咏诗意图　明·佚名

138 干 戈①

宋·王中

gān gē wèi dìng yù hé zhī　　yī shì wú chéng liǎng bìn sī
干戈未定欲何之？一事无成两鬓丝。②

zōng jì dà gāng wáng càn zhuàn　　qíng huái xiǎo yàng dù líng shī
踪迹大纲王粲传，情怀小样杜陵诗。③

jí líng yīn duàn rén qiān lǐ　　wū què cháo hán yuè yī zhī
鹡鸰音断人千里，乌鹊巢寒月一枝。④

ān dé zhōng shān qiān rì jiǔ　　mǐng rán zhí dào tài píng shí
安得中山千日酒，酩然直到太平时。⑤

注释：①干戈：泛指兵器，这里指代战争。②何之："之何"的倒装，指去哪里。丝：白丝，这里用来形容发白如丝。③踪迹：追踪探访。大纲：大概，大致相同。小样：略似，差不多像。杜陵：即杜甫，因其曾居住在杜陵一带，所以称杜陵。④鹡鸰：鸟名，这里用来比喻兄弟。乌鹊巢寒月一枝：曹操《短歌行》曰："月明星稀，乌鹊南飞。绕树三匝，何枝可依？"这里比喻自己无依无靠。⑤中山千日酒：晋张华《博物志》卷五："刘元石于中山酒家酤酒，酒家与千日酒饮之，忘言其节度。归至家大醉，不醒数日，而家人不知，以为死也，具棺殓葬之。酒家计千日满，乃忆元石前来酤酒，醉当醒矣。往视之，云：'元石亡来三年，已葬。'于是开棺，醉始醒。"后常以"中山"作为美酒的代称。酩然：酩酊大醉的样子。

干戈诗意图 明·佚名

139 归 隐

guī yǐn

sòng chén tuán
宋·陈抟

shí nián zōng jì zǒu hóng chén　huí shǒu qīng shān rù mèng pín
十年踪迹走红尘，回首青山入梦频。①

zǐ shòu zòng róng zhēng jí shuì　zhū mén suī fù bù rú pín
紫绶纵荣争及睡，朱门虽富不如贫。②

chóu wén jiàn jǐ fú wēi zhǔ　mèn tīng shēng gē guō zuì rén
愁闻剑戟扶危主，闷听笙歌聒醉人。③

xié qǔ jiù shū guī jiù yǐn　yě huā tí niǎo yī bān chūn
携取旧书归旧隐，野花啼鸟一般春。④

注释：①红尘：指人世间。②紫绶：紫色丝带。古代高级官员用作印章上的丝带，或作服饰。这里代指高官。**争及**：怎么比得上。**朱门**：古代王公贵族住宅的大门漆成红色，因称豪门贵族为朱门。③**剑戟**："剑"和"戟"都是兵器，戟：古代的一种兵器，是矛和戈的合体，兼备直刺、旁击、横钩的作用。这里指代战争。**危主**：濒于危亡的君主。**笙**：一种簧管乐器。**聒**：吵扰。④**旧书**：一作"琴书"。**旧隐**：原来隐居的地方。

归隐诗意图　明·佚 名

140

shí shì xíng

时世行①

táng dù xún hè
唐·杜荀鹤

fū yīn bīng sǐ shǒu péng máo　　má zhù yī shān bìn fà jiāo
夫因兵死守蓬茅，麻苎衣衫鬓发焦。②

sāng zhè fèi lái yóu nà shuì　　tián yuán huāng jìn shàng zhēng miáo
桑柘废来犹纳税，田园荒尽尚征苗。③

shí tiāo yě cài hé gēn zhǔ　　xuán zhuó shēng chái dài yè shāo
时挑野菜和根煮，旋斫生柴带叶烧。④

rèn shì shēn shān zuì shēn chù　　yě yīng wú jì bì zhēng yáo
任是深山最深处，也应无计避征徭。⑤

注释：①诗题一作《山中寡妇》，一作《时世行赠田妇》。②兵：指战争。死：原作"乱"，今据别本改。蓬茅：指用蓬草和茅草盖的房屋。苎：苎麻。衣：一作"衣"。③桑柘：桑木与柘木，叶子可用来养蚕。征：征收。苗：指青苗税。④旋：不久，随即。斫：一作"砍"。⑤任是：即使是。最：一作"更"。征徭：赋税与徭役。

山水图　清·刘度

141 送 天 师^①

sòng tiān shī

明·朱权

shuāng luò zhī chéng liǔ yǐng shū　yīn qín sòng kè chū pó hú
霜 落 芝 城 柳 影 疏，殷 勤 送 客 出 鄱 湖。^②

huáng jīn jiǎ suǒ léi tíng yìn　hóng jǐn tāo chán rì yuè fú
黄 金 甲 锁 雷 霆 印，红 锦 韬 缠 日 月 符。^③

tiān shàng xiǎo xíng qí zhī hè　rén jiān yè sù jiě shuāng fú
天 上 晓 行 骑 只 鹤，人 间 夜 宿 解 双 凫。^④

cōng cōng guī dào shén xiān fǔ　wèi wèn pán táo shú yě wú
匆 匆 归 到 神 仙 府，为 问 蟠 桃 熟 也 无。^⑤

注释：①天师：东汉张道陵创五斗米道，其孙鲁传道汉沔间，信奉者称陵为天师。②芝城：地名，在今江西省鄱阳县。柳影：柳树婆娑的身影。鄱湖：指鄱阳湖。③黄金甲：指像黄金铠甲一样的金匣。雷霆印：指能召唤雷霆的印章。韬：袋子。日月符：能驱遣日月星辰的仙符。④晓行：拂晓赶路。⑤蟠桃：神话中的仙桃。

凤凰来仪　杨柳青木版年画

142

sòng máo bó wēn
送毛伯温①

míng · zhū hòu cōng
明·朱厚熜

dà jiàng nán zhēng dǎn qì háo　yāo héng qiū shuǐ yàn líng dāo
大将南征胆气豪，腰横秋水雁翎刀。②

fēng chuī tuó gǔ shān hé dòng　diàn shǎn jīng qí rì yuè gāo
风吹鼍鼓山河动，电闪旌旗日月高。③

tiān shàng qí lín yuán yǒu zhǒng　xué zhōng lóu yǐ qǐ néng táo
天上麒麟原有种，穴中蝼蚁岂能逃！④

tài píng dài zhào guī lái rì　zhèn yǔ xiān sheng jiě zhàn páo
太平待诏归来日，朕与先生解战袍。⑤

注释：①毛伯温：字汝厉，明吉水（今属江西）人。武宗正德年间进士。明世宗嘉靖十八年（1539年）受命讨伐安南（今越南）莫登庸之乱。不发一矢而平定安南，因功被加封太子太保。②大将：指毛伯温。横：横挎。秋水：形容刀剑如秋水般明亮闪光。雁翎刀：形状像雁羽一样的刀。③鼍鼓：用鳄鱼皮制成的鼓。旌旗：指挥作战的军旗。④麒麟：比喻杰出的人物，这里比喻毛伯温。蝼蚁：蝼蛄和蚂蚁，这里用来比喻安南叛军。⑤诏：皇帝的诏令。朕：秦始皇以后成为皇帝专用的自称。与：给。先生：指毛伯温。

东丹王出行图　辽·李赞华

五言绝句

《千家诗》选编的五言绝句，全为唐人绝句，没有宋人绝句。为什么会这样呢？这其中有两个重要原因：一是五绝的写作难度大；二是宋人花在读书上的时间过多，导致缺乏社会经验。

　　先说第一个原因。绝句短小，但要成为好诗，表意还不能少，好的绝句，都是字少意多、言近旨远的。与律诗相比，绝句创作用字要少，表意还不能少，因此创作起来会更难。关于这一点，古代诗人与学者都有体会。宋人杨万里说过五言和七言绝句"最难工"，张谦宜也说绝句"短而味长，入妙尤难"，刘熙载在《艺概》中说得更细"绝句取径贵深曲，盖意不可尽，以不尽尽之"。初学者通常以为绝句字数少，一定很容易写成。事实上，要写出有意味的绝句并非易事。

　　再说第二个原因。宋代的基本国策是崇文抑武，科举考试录用的人数是唐代的好几倍，朝廷用人也是重用文人而轻视武人。因此宋代读书人数量激增，这就为书商带来很大的市场。他们争相使用雕版印刷术印书，以满足市场需求。其结果是新技术的运用使书籍的制作成本降低，文人可以拥有更多的书籍。这样，宋人读万卷书成为普遍现象，而唐人没多少书可读，便有时间去行万里路了。

　　两个原因合在一起，便说明了唐人更合适创作五绝而宋人则不适合。因为宋代文人多数都是读书多而没时间行万里路，技巧虽多却缺少丰富的生活见闻，所以写不好五绝，而唐代文人则刚好相反。如此一来，《千家诗》选编的五绝作品都是唐人的，就不足为奇了。

　　五言绝句既然有上述特征，那么我们读五绝，就重在求其味外之旨，旨外之趣了。如金昌绪的名作《春怨》："打起黄莺儿，莫教枝上啼。啼时惊妾梦，不得到辽西。"诗句明白如话，虽然似乎是把怨气发泄在黄莺儿身上，但是其怨气来源却是主人公梦不到辽西，隐含了在家的妻子对远戍边关的丈夫的思念。再进一步还可以推测，诗人或许是通过这一片场景、一处细节表达对战争的厌恶，对统治者连年对外发动战争的反感。又如刘禹锡的《秋风引》："何处秋风至，萧萧送雁群。朝来入庭树，孤客最先闻。"秋风雁群，渲染了一种悲秋的气氛，但为何孤客会最先闻？由于人在客途，心灵上会更为敏感。正是通过秋天意象的渲染，不动声色地写出了羁旅愁思。而具体愁思又如何，则不需明言，给读者留下了想像的空间。

143

chūn   mián
春　眠①

táng   mèng hào rán
唐·孟浩然

chūn mián bù jué xiǎo　　*chù chù wén tí niǎo*
春眠不觉晓，处处闻啼鸟。②
yè   lái fēng yǔ shēng　　*huā luò zhī duō shǎo*
夜来风雨声，花落知多少？

注释：①诗题一作《春晓》。②晓：天明，天刚亮。

唐人诗意图　　清·王翚

144

fǎng yuán shí yí bú yù
访袁拾遗不遇①

táng mèng hào rán
唐·孟浩然

luò yáng fǎng cái zǐ　　jiāng lǐng zuò liú rén
洛阳访才子，江岭作流人。②

wén shuō méi huā zǎo　　hé rú cǐ dì chūn
闻说梅花早，何如此地春！③

注释：①诗题一作《洛中访袁拾遗不遇》。袁拾遗：诗人的友人，姓袁，拾遗为官名。②才子：有才华的人。江岭：指大庾岭，位于今江西省大余县和广东省南雄县的交界处。流人：被流放的人。③此地：指洛阳。

小阁藏春图　清·王翚

145

sòng guō sī cāng
送郭司仓①

táng wáng chāng líng
唐·王昌龄

yìng mén huái shuǐ lù　liú　jì　zhǔ rén xīn
映门淮水绿，留骑主人心。②

míng yuè suí liáng yuàn　chūn cháo yè　yè　shēn
明月随良掾，春潮夜夜深。③

注释：①诗题原作《道郭司仓》，今据别本改。**郭司仓**：诗人的朋友，姓郭，司仓为官名。
②**淮水**：即淮河。**留**：挽留。**骑**：这里指代郭司仓。**主人**：指诗人自己。**心**：心意。③**良掾**：即好官。"掾"是古代官府中属官的通称。

金台送别图　明·戴　进

146

洛 阳 道
luò yáng dào

唐·储光羲
táng chǔ guāng xī

大道直如发，春日佳气多。①
dà dào zhí rú fà　chūn rì jiā qì duō

五陵贵公子，双双鸣玉珂。②
wǔ líng guì gōng zǐ　shuāng shuāng míng yù kē

注释：①直如发：比喻洛阳道路宽阔并且像头发一样直。佳气：美好的风光。②五陵：汉代五个皇帝的陵墓所在地，是贵族富商集居地，古代常用于指代豪富权贵之人。玉珂：马笼头上的玉器装饰品。

蝶恋花图　明·《诗馀画谱》

147

dú zuò jìng tíng shān

独坐敬亭山^①

唐·李白

zhòng niǎo gāo fēi jìn　　gū yún dú qù xián

众鸟高飞尽，孤云独去闲。

xiāng kàn liǎng bù yàn　　zhǐ yǒu jìng tíng shān

相看两不厌，只有敬亭山。

注释：①敬亭山：位于唐代宣州，在今安徽省宣城市北。

敬亭霁色图　清·梅清

(148)

dēng guàn què lóu

登鹳鹊楼①

táng wáng zhī huàn
唐·王之涣

bái rì yī shān jìn　　huáng hé rù hǎi liú
白日依山尽，黄河入海流。②

yù qióng qiān lǐ mù　　gèng shàng yī céng lóu
欲穷千里目，更上一层楼。③

注释：①一说此诗为朱斌所作。**鹳鹊楼**：又叫鹳雀楼。原址在蒲州（今山西永济）西南城上，楼高三层，前瞻中条山，下临黄河。②**尽**：沉，落。③**欲**：想要。**穷**：穷尽。**更**：再。

江天楼阁图　南宋·佚 名

149

guān yǒng lè gōng zhǔ rù fān
观永乐公主入蕃①

táng sūn tì
唐·孙逖

biān dì yīng huā shǎo　　nián lái wèi jué xīn
边地莺花少，年来未觉新。②
měi rén tiān shàng luò　　lóng sài shǐ yìng chūn
美人天上落，龙塞始应春。③

注释：①永乐公主：唐代凡是有宗女出嫁外蕃，按例封为公主。唐玄宗开元五年(717年)，东平王的外孙女杨氏被封为永乐公主，嫁给契丹王李失活。入蕃：进入少数民族地区，这里指进入契丹国。②莺花：黄莺和春花。③美人：这里是指永乐公主。天上：喻指唐代京城长安。龙塞：即卢龙塞，故址在今河北省遵化市西北，这里泛指边塞之地。卢照邻诗《和吴侍御被使燕然》云："春归龙塞北，骑指雁门垂。"

秋风纨扇图　明·唐寅

150

chūn yuàn
春 怨①

táng　jīn chāng xù
唐·金昌绪

dǎ qǐ huáng yīng ér　　mò jiāo zhī shàng tí
打起黄莺儿，莫教枝上啼。
tí shí jīng qiè mèng　　bù dé dào liáo xī
啼时惊妾梦，不得到辽西。②

注释：①诗题一作《伊州歌》，唐代乐府曲调名。据宋代郭茂倩所编《乐府诗集》卷七十九《近代曲辞》引《乐苑》曰："《伊州》，商调曲，西京节度盖嘉运所进也。"②辽西：唐代辽西即今承德和锦州之间。

打起黄莺儿图　清·王学浩

151

zuǒ yè lí huā
左掖梨花①

táng qiū wéi
唐·丘为

lěng yàn quán qī xuě　　yú xiāng zhà rù yī
冷艳全欺雪，余香乍入衣。②

chūn fēng qiě mò dìng　　chuī xiàng yù jiē fēi
春风且莫定，吹向玉阶飞。③

注释：①左掖：唐时指门下省。②欺：超过、压过。乍：恰好、正好、刚刚。衣：原作"夜"，依别本改。③定：停、止。

左掖梨花图　明·《唐诗画谱》

152

sī jūn ēn
思 君 恩①

táng líng hú chǔ
唐·令狐楚

xiǎo yuàn yīng gē xiē　　cháng mén dié wǔ duō
小苑莺歌歇，长门蝶舞多。②

yǎn kàn chūn yòu qù　　cuì niǎn bù céng guò
眼看春又去，翠辇不曾过。③

注释：①一说此诗为张仲素、王涯作。见《乐府诗集》卷九十五《新乐府辞》中的《思君恩三首》。②**苑：**皇帝的花园。**歇：**停止。**长门：**汉宫殿名。这里借指失宠女子居住的寂寥凄清的宫院。③**翠辇：**帝王的车驾。**过：**造访经过。

凤凰女仙图　清·华喦

153

tí yuán shì bié yè
题袁氏别业①

táng　hè　zhī zhāng
唐·贺知章

zhǔ rén bù xiāng shí　　ǒu zuò wèi lín quán
主人不相识，偶坐为林泉。②

mò màn chóu gū jiǔ　　náng zhōng zì yǒu qián
莫谩愁沽酒，囊中自有钱。③

注释：①别业：即别墅。②林泉：山林泉溪。③谩：徒然，只是。沽：买。囊：衣袋。

题袁氏别业图　明·《唐诗画谱》

154

yè sòng zhào zòng
夜送赵纵①

táng yáng jiǒng
唐·杨 炯

zhào shì lián chéng bì　　yóu lái tiān xià chuán
赵氏连城璧，由来天下传。②

sòng jūn huán jiù fǔ　　míng yuè mǎn qián chuān
送君还旧府，明月满前川。③

注释： ①赵纵：作者的朋友。②连城璧：价值连城的美玉。后代指极其珍贵的东西，这里用来比喻赵纵。③旧府：赵纵的故乡在山西，是古代赵国所在地，即连城璧的故土，所以被称为旧府。川：河流。

《人物故事图》之《完璧归赵》　清·吴　历

(155)

zhú lǐ guǎn
竹里馆①

táng wáng wéi
唐·王维

dú zuò yōu huáng lǐ　　tán qín fù cháng xiào
独坐幽篁里，弹琴复长啸。②
shēn lín rén bù zhī　　míng yuè lái xiāng zhào
深林人不知，明月来相照。

注释：①竹里馆：竹林中的一座屋舍，是王维辋川别业中的二十个景点之一。②幽篁：幽静深暗的竹林。啸：呼啸。

竹里馆图　明·《唐诗画谱》

156

sòng zhū dà rù qín
送朱大入秦①

táng mèng hào rán
唐·孟浩然

yóu rén wǔ líng qù　　bǎo jiàn zhí qiān jīn
游人五陵去，宝剑值千金。②

fēn shǒu tuō xiāng zèng　　píng shēng yī piàn xīn
分手脱相赠，平生一片心。③

注释：①朱大：诗人的朋友，姓朱，排行第一，故称朱大。入秦：进入秦地，这里代指进入长安。②游人：离家远游的人。③脱：解下来。平生：犹言平素。

送别诗意图　明·《诗馀画谱》

157 长干行[1]

cháng gān xíng

唐·崔颢
táng cuī hào

君家何处住？妾住在横塘。[2]
jūn jiā hé chù zhù　qiè zhù zài héng táng

停船暂借问，或恐是同乡。[3]
tíng chuán zàn jiè wèn　huò kǒng shì tóng xiāng

注释：①长干行：属乐府《杂曲歌辞》调名。长干，即长干里，地名，在今南京市南。②君：你的尊称，指男子。横塘：在今江苏省江宁县。③或恐：恐怕，或许。

《仕女图》之《莲舟晚泊图》　清·焦秉贞

158 咏史 yǒng shǐ

唐·高适 táng gāo shì

shàng yǒu tì páo zèng　　yīng lián fàn shū hán
尚有绨袍赠，应怜范叔寒。①

bù zhī tiān xià shì　　yóu zuò bù yī kàn
不知天下士，犹作布衣看。②

注释：①绨袍：质地粗厚的衣服。范叔：范雎，字叔，战国人。曾在秦国为相，使秦国威震天下。②天下士：指能治理天下的奇士。布衣：指平民。

静听松风图　南宋·马　麟

159

罢相作
bà xiàng zuò

唐·李适之
táng lǐ shì zhī

避贤初罢相，乐圣且衔杯。①
bì xián chū bà xiàng　lè shèng qiě xián bēi

为问门前客，今朝几个来？②
wèi wèn mén qián kè　jīn zhāo jǐ gè lái

注释：①避贤：犹让贤。乐：喜欢。圣：清酒的别称。《太平御览》卷八四四引三国魏鱼
豢《魏略》"太祖时禁酒，而人窃饮之，故难言酒，以白酒为贤人，清酒为圣人"。
衔杯：饮酒。②为问：试问。今朝：现在。

溪堂诗思图　清·王翚

160

逢 侠 者①
féng xiá zhě

唐·钱 起
táng qián qǐ

yān zhào bēi gē shì　　xiāng féng jù mèng jiā
燕赵悲歌士，相逢剧孟家。②

cùn xīn yán bù jìn　　qián lù rì jiāng xié
寸心言不尽，前路日将斜。③

注释：①侠者：指有武艺、见义勇为，肯舍己助人的人。②燕赵：燕国在今天的河北省北部。赵国在今天的山西省北部、中部、河套地区及河北省西南部。悲歌士：即慷慨悲歌的豪侠之士。剧孟：西汉侠士，今洛阳人。③寸心：内心，心里。

人骑图　元·赵孟頫

161

江行望匡庐①

táng qián qǐ
唐·钱 起

zhǐ chǐ chóu fēng yǔ　　kuāng lú bù kě dēng
咫尺愁风雨，匡庐不可登。②

zhǐ yí yún wù kū　　yóu yǒu liù cháo sēng
只疑云雾窟，犹有六朝僧。③

注释：①诗题一作《江行无题》，作者为钱珝，字瑞文，吴兴（今浙江吴兴）人，钱起曾孙。②咫尺：比喻距离近。咫：长度单位。周代八寸为一咫。匡庐：指江西省庐山。③疑：猜想。窟：指石洞。六朝：三国吴、东晋及南朝宋、齐、梁、陈都建都于建康（今南京），史称六朝。

金井秋兰　清·吴友如

162

答李浣^①
dá lǐ huàn

唐·韦应物
táng wéi yìng wù

林中观《易》罢，溪上对鸥闲。^②
lín zhōng guān　yì bà　xī shàng duì ōu xián

楚俗饶词客，何人最往还？^③
chǔ sú ráo cí kè　hé rén zuì wǎng huán

注释：①李浣：作者的朋友，当时在楚地为官，其他情况不详。②易：即《周易》，亦称《易经》，是儒家经典之一。闲：悠闲。③饶：多。词客：擅长文词的人。往还：来往。

山堂文会图　清·王翚

163

qiū fēng yǐn
秋 风 引①

唐·刘禹锡
táng liú yǔ xī

hé chù qiū fēng zhì　　xiāo xiāo sòng yàn qún
何处秋风至？萧萧送雁群。②
zhāo lái rù tíng shù　　gū kè zuì xiān wén
朝来入庭树，孤客最先闻。③

注释：①引：乐曲体裁之一。②萧萧：象声词，指风声。③朝：清晨。孤客：单身旅居外地的人。

风林观雁图　明·张 路

164

秋夜寄丘员外①
qiū yè jì qiū yuán wài

唐·韦应物
táng wéi yìng wù

怀君属秋夜，散步咏凉天。②
huái jūn zhǔ qiū yè　　sàn bù yǒng liáng tiān

空山松子落，幽人应未眠。③
kōng shān sōng zǐ luò　　yōu rén yīng wèi mián

注释：①诗题一作《秋夜寄丘二十二员外》。**丘员外**：即丘丹。员外，官名。丘丹，嘉兴（今浙江嘉兴）人，曾任仓部员外郎等职，后隐居在临平山中修道。②**君**：指丘丹。**属**：正好。**凉天**：寒冷的天气。③**幽人**：即隐士，这里指丘丹。

步溪图　明·唐　寅

165

qiū rì
秋　日

唐·耿　沣
táng　gěng　wéi

fǎn zhào rù lǘ xiàng　　yōu lái shuí gòng yǔ
返照入闾巷，忧来谁共语？①

gǔ dào shǎo rén xíng　　qiū fēng dòng hé shǔ
古道少人行，秋风动禾黍。②

注释：①**返照**：夕阳，落日。**闾巷**：里弄，泛指民间。②**古道**：旧时的荒僻的道路。**禾黍**：高粱和稻谷，这里泛指庄稼。

山路松声图　明·唐　寅

166

qiū rì hú shàng
秋日湖上

táng xuē yíng
唐·薛 莹

luò rì wǔ hú yóu　　yān bō chù chù chóu
落日五湖游，烟波处处愁。①

fú chén qiān gǔ shì　　shuí yǔ wèn dōng liú
浮沉千古事，谁与问东流？②

注释：①**五湖**：这里指江苏太湖，因其周围方圆五百里，故称五湖。**烟波**：雾气弥漫的水面。②**浮沉**：比喻世事的兴亡盛衰。

事茗图 明·唐 寅

167

gōng zhōng tí
宫 中 题

táng　táng wén zōng
唐·唐文宗

niǎn　lù　shēng qiū cǎo　　shàng lín　huā mǎn zhī
辇路生秋草，上林花满枝。①

píng gāo hé xiàn yì　　wú fù shì chén zhī
凭高何限意，无复侍臣知。②

注释：①辇路：天子车驾所经的道路。②凭高：登高。何限：犹言无限。无复：不再让。侍臣：贴身侍从。

望月图　明·《唐诗画谱》

168

xún yǐn zhě bù yù
寻隐者不遇①

táng jiǎ dǎo
唐·贾 岛

sōng xià wèn tóng zǐ　　yán shī cǎi yào qù
松下问童子，言师采药去。②
zhǐ zài cǐ shān zhōng　　yún shēn bù zhī chù
只在此山中，云深不知处。

注释：①诗题一作《访隐者不遇》。隐者：隐居的人，即隐士。②童子：小徒弟，侍童。
言：(童子)说。

寻隐者不遇图　清·马骀

169

fén shàng jīng qiū
汾上惊秋①

táng · sū tǐng
唐·苏颋

běi fēng chuī bái yún   wàn lǐ dù hé fén
北风吹白云，万里渡河汾。
xīn xù féng yáo luò   qiū shēng bù kě wén
心绪逢摇落，秋声不可闻。②

注释：①**汾**：即汾水，源出山西省宁武县管涔山。②**心绪**：心情，心境。**摇落**：草木凋零、凋谢。**秋声**：秋风吹过，发出萧瑟之声。

秋山晓行图　清·王翚

170

shǔ dào hòu qī

蜀道后期①

táng　zhāng　yuè
唐·张 说

kè　xīn　zhēng　rì　yuè　　　　lái　wǎng　yù　qī　chéng

客心争日月，来往预期程。②

qiū　fēng　bù　xiāng　dài　　　　xiān　zhì　luò　yáng　chéng

秋风不相待，先至洛阳城。③

注释：①后期：迟误期限。②客心：旅人之情、游子之思。争日月：与日月相争，有抓紧时间、争分夺秒之意。期程：时间和路程。③待：等待。至：到达。

洛阳富贵花如锦图　明·王文衡

171

jìng yè sī
静 夜 思

táng lǐ bái
唐·李白

chuáng qián míng yuè guāng　　yí shì dì shàng shuāng
床前明月光，疑是地上霜。①

jǔ tóu wàng míng yuè　　dī tóu sī gù xiāng
举头望明月，低头思故乡。②

注释：①床：即井床。古代称井台为井床。②举头：抬头。

静夜思诗意图　清·石涛

172

秋 浦 歌①
qiū pǔ gē

唐·李白
táng lǐ bái

白发三千丈，缘愁似个长。②
bái fà sān qiān zhàng　　yuán chóu sì gè cháng

不知明镜里，何处得秋霜。③
bù zhī míng jìng lǐ　　hé chù dé qiū shuāng

注释：①秋浦歌：秋浦，在今安徽省贵池县西。约在天宝十二年（753年）前后，李白游历到此，写了组诗《秋浦歌》，共十七首。本篇是其中第十五首。②缘：因为，由于。"缘"，原作"离"，依别本改。个：代词，这么，这般。③秋霜：白发。

《杂画》之《玉壶买春图》 清·华 嵒

173

赠乔侍郎①
zèng qiáo shì láng

唐·陈子昂
táng chén zǐ áng

hàn tíng róng qiǎo huàn　　yún gé bó biān gōng
汉庭荣巧宦，云阁薄边功。②
kě lián cōng mǎ shǐ　　bái shǒu wèi shuí xióng
可怜骢马使，白首为谁雄？③

注释：①**乔侍郎**：作者的友人。侍郎，一作"侍御"，官名。②**汉庭**：汉代朝廷。**巧宦**：善于钻营趋奉的官吏。**云阁**：汉代悬挂名将功臣图像的地方。**薄**：轻视。**边功**：在边境立的战功。③**骢马使**：指汉代的桓典。《后汉书·桓典传》："（桓典）辟司徒袁隗府，举高第，拜侍御史。是时宦官秉权，典执政无所回避。常乘骢马，京师畏惮，为之语曰：'行行且止，避骢马御史'……在御史七年不调，后出为郎。"

偶题图　明·《唐诗画谱》

174 答武陵太守^① dá wǔ líng tài shǒu

唐·王昌龄 táng wáng chāng líng

仗剑行千里，微躯敢一言。^②
zhàng jiàn xíng qiān lǐ　wēi qū gǎn yī yán

曾为大梁客，不负信陵恩。^③
céng wéi dà liáng kè　bù fù xìn líng ēn

注释：①诗题一作《答武陵田太守》。**武陵**：在今湖南省常德市。**太守**：官名。②**仗剑**：佩剑。**微躯**：微贱的身躯。**一言**：说一句话。③**大梁客**：指战国时魏国大梁夷门监者侯嬴老而贤明，信陵君"从车马奇，虚左，自迎"侯生，至家，奉为座上客。这里是作者自比。**大梁**：战国魏都，在今河南省开封市西北。**负**：辜负。**信陵**：即信陵君，名无忌。礼贤下士，有食客三千人。

《人物故事图》之《夷门访贤》　清·吴　历

175

xíng jūn jiǔ rì sī cháng ān gù yuán
行军九日思长安故园①

táng cén shēn
唐·岑参

qiáng yù dēng gāo qù wú rén sòng jiǔ lái
强欲登高去，无人送酒来。②

yáo lián gù yuán jú yīng bàng zhàn chǎng kāi
遥怜故园菊，应傍战场开。③

注释：①此诗写于至德二载（757年）秋九月。**行军：**指军营。**九日：**指农历九月九日重阳节。**故园：**故乡。这里指长安。②**强欲：**很想。**登高：**古人在重阳节有登高、饮菊花酒的风俗。**送酒：**此处用典。南朝宋檀道鸾《续晋阳秋》："陶潜九月九日无酒，于宅边菊丛中摘盈把，坐其侧，人望见白衣人，乃王弘送酒，即使就酌而后归。"③**遥怜：**远念。**傍：**靠着。**战场：**两兵交战的地方。这里指长安。

山水图 清·王翚

176 婕妤怨①
jié yú yuàn

唐·皇甫冉
táng huáng fǔ rǎn

花枝出建章，凤管发昭阳。②
huā zhī chū jiàn zhāng　fèng guǎn fā zhāo yáng

借问承恩者，双蛾几许长？③
jiè wèn chéng ēn zhě　shuāng é jǐ xǔ cháng

注释：①婕妤：古代宫中妃嫔的称号。汉武帝时始设，自魏晋至明多沿袭。亦特指汉成帝时的班婕妤，美而能文，初为成帝所宠爱，后为赵飞燕所潜，失宠。退侍太后于长信宫，后人多以其事为题材而咏之。②花枝：比喻美女。建章：汉代长安宫殿名。凤管：笙箫或笙箫之乐的美称。昭阳：汉朝宫殿名，是汉成帝为宠妃赵合德所建的宫殿。后泛指后妃所住的宫殿。③借问：请问。承：受到。恩：恩宠，宠爱。双蛾：即女子双眉。这里以蛾眉借指美女。

《千秋绝艳图》之《班婕妤图》 明·佚名

177

tí zhú lín sì
题竹林寺①

táng zhū fàng
唐·朱 放

suì yuè rén jiān cù　yān xiá cǐ dì duō
岁月人间促，烟霞此地多。②

yīn qín zhú lín sì　gèng dé jǐ huí guò
殷勤竹林寺，更得几回过？③

注释：①竹林寺：在今江西庐山。刘长卿有诗云："苍苍竹林寺，杳杳钟声晚。"（《送灵澈上人》）②促：短促，仓促短暂。③殷勤：情意深厚。更得：还有。

柏林寺南望　明·《唐诗画谱》

178

sān lú miào
三 闾 庙①

táng · dài shū lún
唐·戴叔伦

yuán xiāng liú bù jìn　qū zǐ yuàn hé shēn
沅湘流不尽，屈子怨何深！②
rì mù qiū fēng qǐ　xiāo xiāo fēng shù lín
日暮秋风起，萧萧枫树林。③

注释：①三闾庙：始建于汉代，是祭祀春秋时楚国三闾大夫屈原的庙宇，在今天的湖南省汨罗县玉笥山上。②沅湘：沅水和湘水的并称。屈原遭放逐后，曾长期流浪沅湘间。屈子：即屈原。"子"，古代对男子的美称。③萧萧：象声词，风吹动树木发出的声音。

《荆楚诗意图》之《秋江泛艇》 清·文 点

179

yì shuǐ sòng bié
易水送别①

táng luò bīn wáng
唐·骆宾王

cǐ dì bié yān dān　　zhuàng shì fà chōng guān
此地别燕丹，壮士发冲冠。②

xī shí rén yǐ mò　　jīn rì shuǐ yóu hán
昔时人已没，今日水犹寒。③

注释：①易水：水名，在今河北易县。②燕丹：指战国时燕国的太子丹。壮士：对荆轲的尊称。冲冠：发怒时头发竖起，将帽子都顶起来了。③昔时：当时。人：指荆轲。没：通"殁"，死亡。

《人物故事图》之《易水送别》　清·吴　历

180

别卢秦卿①

bié lú qín qīng

唐·司空曙
táng sī kōng shǔ

知有前期在，难分此夜中。②
zhī yǒu qián qī zài   nán fēn cǐ yè zhōng

无将故人酒，不及石尤风。③
wú jiāng gù rén jiǔ   bù jí shí yóu fēng

注释：①一作郎士元《留卢秦卿》（见杨慎《升庵诗话》卷三）。**卢秦卿**：作者的朋友，其生平不详。②**前期**：指预先约定的后会之期。**难分**：难舍难分。③**无将**：不要把。**石尤风**：逆风、顶头风。传说古代有商人尤某娶石氏女，情好甚笃。尤远行不归，石思念成疾，临死叹曰："吾恨不能阻其行，以至于此，今凡有商旅之行，吾当作大风为天下妇人阻之。"

将进酒诗意图　明·《唐诗画谱》

181

dá rén
答 人

táng tài shàng yǐn zhě
唐·太上隐者

ǒu lái sōng shù xià　　gāo zhěn shí tóu mián
偶来松树下，高枕石头眠。
shān zhōng wú lì rì　　hán jìn bù zhī nián
山中无历日，寒尽不知年。①

注释：①**历日**：指记载年、月、日和四季节令的历书。**不知年**：不知何年何月。

松荫道士图 清·华嵒

春山水阁图　明·蓝　瑛

五言律诗

《千家诗》选编的五言律诗也全为唐人五律，没有宋人五律。前文我们说过五绝字数太少，宋代文人的社会经验不够丰富，写不出字少意多的五绝。那么，五律字数比七绝还多，为什么《千家诗》中选了宋人七绝，却没有五律呢？这还有另外一个原因。

从中国古代诗歌的形态发展史看，从四言到五言再到七言，诗人们最终以七言为最方便的表达形式。由于新生事物有更强的生命力，宋代诗人不仅更愿意写格律诗，也更愿意写七言诗。而在唐代，律诗整体上处于形成与发展阶段，唐人热衷于写五律，也是乐于接受新事物的表现。因此，唐人的五律创作取得了巨大成就，而宋人的五律创作却没多大成就，这种实际情况导致了《千家诗》中入选的五律全是唐人五律。

在入选的唐人五律中，带有禅意的诗歌数量很多，如杜甫的《题玄武禅师屋壁》、岑参的《登总持阁》、孟浩然的《题义公禅房》、綦毋潜的《宿龙兴寺》、常建的《破山寺后禅院》、释处默的《圣果寺》、王维的《过香积寺》等。这些诗意境清幽空旷，若细细阅读然后加以体会，又何尝不是一种心灵上的净化？像孟浩然《题义公禅房》的"户外一峰秀，阶前众壑深。夕阳连雨足，空翠落庭阴"；綦毋潜《宿龙兴寺》的"香刹夜忘归，松清古殿扉。灯明方丈室，珠系比丘衣"；常建《破山寺后禅院》的"曲径通幽处，禅房花木深。山光悦鸟性，潭影空人心"；王维《过香积寺》的"古木无人径，深山何处钟？泉声咽危石，日色冷青松"等，无不写景细致入微，又理寓景中，耐人寻味。

与唐人行万里路相关的，便是登临游览的诗特别多。这些诗通过描绘自然风光和人文景观，表现了广泛的社会生活内容。如王湾的《次北固山下》写出了作者身在客途思念家乡之情；杜甫的《登岳阳楼》不仅写到了自己生活的困苦，还反映了战乱不断的社会现实；杜甫的《携妓纳凉晚际遇雨》（其一）写"公子调冰水，佳人雪藕丝"，反映了贵族公子生活的奢侈与糜烂。孟浩然的《临洞庭上张丞相》借写景抒发感慨"欲济无舟楫，端居耻圣明"，表达了渴求有人引荐他入仕的愿望。

另外，文人交游，既有诗酒之欢，又有送别等情况。唐人五律中的交游诗也反映了广泛的社会生活内容，如张说的《幽州夜饮》结句"不作边城将，谁知恩遇深"，反映了唐代帝王对边将的重视；高适的《送郑侍御谪闽中》中写道当时官员犯罪的处分方式之一便是流放到自然条件恶劣的南方。所有这些都表现了特定时代的生活方式。

182

xìng shǔ huí zhì jiàn mén
幸蜀回至剑门①

táng táng xuán zōng
唐·唐玄宗

jiàn gé héng yún jùn　　luán yú chū shòu huí
剑阁横云峻，銮舆出狩回。②

cuì píng qiān rèn hé　　dān zhàng wǔ dīng kāi
翠屏千仞合，丹嶂五丁开。③

guàn mù yíng qí zhuǎn　　xiān yún fú mǎ lái
灌木萦旗转，仙云拂马来。④

chéng shí fāng zài dé　　jiē ěr lè míng cái
乘时方在德，嗟尔勒铭才。⑤

注释：①诗题中"回"一作"西"，但从诗篇内容看，"回"更合适。**幸**：指封建帝王亲临某地。这里指安史之乱时到四川成都避难。**剑门**：即剑门关，位于四川省剑阁县城北三十千米处，位于大剑山口，两山对峙如门，自古即有"剑门天下险"之说，俗称"天下第一关"。②**剑阁**：古栈道，在四川大小剑山之间。**横云**：横于云间，形容高。**銮舆**：皇帝的车。**銮**：装配于车、马、刀等物上的铃铛。**出狩**：帝王蒙难出奔的讳辞。③**翠屏**：翠色如屏风般的山峰。**嶂**：高而险峻的山峰。**五丁**：神话传说中的五个大力士。④**木**：原作"水"，此据别本改。**萦**：缠绕。⑤**方**：应当。**嗟**：感叹词。**勒铭**：比喻建立功勋。

《山水图》之《丹台夜月》 清·华喦

183 和晋陵陆丞早春游望①

hè jìn líng lù chéng zǎo chūn yóu wàng

唐·杜审言
táng dù shěn yán

dú yǒu huàn yóu rén　　piān jīng wù hòu xīn
独有宦游人，偏惊物候新。②

yún xiá chū hǎi shǔ　　méi liǔ dù jiāng chūn
云霞出海曙，梅柳渡江春。③

shū qì cuī huáng niǎo　　qíng guāng zhuǎn lǜ pín
淑气催黄鸟，晴光转绿蘋。④

hū wén gē gǔ diào　　guī sī yù zhān jīn
忽闻歌古调，归思欲沾巾。⑤

注释：①晋陵：唐郡名，今江苏常州市。陆丞：作者的朋友，其生平不详。②宦游人：指外出求官或做官的人。物候：动植物随季气候变化而变化的周期现象。③出：映出。曙：曙光。④淑气：春日的温和气息。黄鸟：指黄莺。绿蘋：绿色的浮萍。蘋：一种生在浅水中的水草，叶有长柄，柄端四片小叶成一田字形。⑤古调：指古代的乐调，这里比喻高雅脱俗的诗文或言论。沾巾：落泪。

江干游赏图 清·华嵒

184 蓬莱三殿侍宴奉敕咏终南山①

péng lái sān diàn shì yàn fèng chì yǒng zhōng nán shān

唐·杜审言
táng dù shěn yán

北斗挂城边，南山倚殿前。②
běi dǒu guà chéng biān　nán shān yǐ diàn qián

云标金阙迥，树杪玉堂悬。③
yún biāo jīn què jiǒng　shù miǎo yù táng xuán

半岭通佳气，中峰绕瑞烟。④
bàn lǐng tōng jiā qì　zhōng fēng rào ruì yān

小臣持献寿，长此戴尧天。⑤
xiǎo chén chí xiàn shòu　cháng cǐ dài yáo tiān

注释：①蓬莱三殿：唐大明宫内有紫宸、蓬莱、含元三殿。敕：特指皇帝的命令或诏书。②北斗：即北斗星，在北方天空排列成勺形的七颗星星。南山：指终南山，属秦岭山脉，在今陕西省西安市南。③云标：云端。金阙：宫门。迥：远。树杪：树梢。玉堂：玉饰的殿堂。④瑞烟：祥云。⑤小臣：臣下对君王的自称。献寿：称颂祝寿。戴：庇护。尧天：用来称颂帝王盛德和太平盛世。

观涛图 清·袁江

185

chūn yè bié yǒu rén
春夜别友人

táng chén zǐ áng
唐·陈子昂

yín zhú tǔ qīng yān　　jīn zūn duì qǐ yán
银烛吐清烟，金樽对绮筵。①

lí táng sī qín sè　　bié lù rào shān chuān
离堂思琴瑟，别路绕山川。②

míng yuè yǐn gāo shù　　cháng hé mò xiǎo tiān
明月隐高树，长河没晓天。③

yōu yōu luò yáng dào　　cǐ huì zài hé nián
悠悠洛阳道，此会在何年？④

注释：①金樽：金饰的酒杯。绮筵：美丽丰盛的筵席。②离堂：饯别之堂。琴、瑟：琴瑟同时弹奏，其音和谐，故以此比喻朋友间情谊融洽。③长河：银河。没：消失。晓天：清晨的天空。④悠悠：遥远的样子。

真赏斋图　明·文徵明

186

cháng níng gōng zhǔ dōng zhuāng shì yàn
长宁公主东庄侍宴①

táng lǐ qiáo
唐·李峤

bié yè lín qīng diàn　　míng luán jiàng zǐ xiāo
别业临青甸，鸣鸾降紫霄。②

cháng yán yuān lù jí　　xiān guǎn fèng huáng diào
长筵鹓鹭集，仙管凤凰调。③

shù jiē nán shān jìn　　yān hán běi zhǔ yáo
树接南山近，烟含北渚遥。④

chéng ēn xián yǐ zuì　　liàn shǎng wèi huán biāo
承恩咸已醉，恋赏未还镳。⑤

注释：①**长宁公主**：唐中宗的女儿，深受宠爱，中宗赐给她东庄。②**别业**：别墅。即指东庄。**青甸**：绿色的郊野。**紫霄**：指帝王所居。③**长筵**：丰盛的筵宴。**鹓鹭**：鹓和鹭飞行有序，这里比喻百官。**凤凰调**：曲调有如凤凰在鸣叫。④**渚**：水中小块陆地。⑤**咸**：都。**镳**：勒马的用具，与衔（马嚼子）合用，衔在马口中，镳是两头露在外的部分。这里指皇帝的车驾。

汉宫春晓图 清·袁耀

199

187

ēn cì lì zhèng diàn shū yuàn cì yàn
恩赐丽正殿书院赐宴
yìng zhì dé lín zì
应制得林字①

táng zhāng yuè
唐·张说

dōng bì tú shū fǔ　　xī yuán hàn mò lín
东壁图书府，西园翰墨林。②

sòng shī wén guó zhèng　　jiǎng yì jiàn tiān xīn
诵《诗》闻国政，讲《易》见天心。③

wèi qiè hé gēng zhòng　　ēn dāo zuì jiǔ shēn
位窃和羹重，恩叨醉酒深。④

zài gē chūn xìng qǔ　　qíng jié wèi zhī yīn
载歌春兴曲，情竭为知音。⑤

注释：①诗题中"制"字原缺，今据别本补。**丽正殿**：宫殿名。据《新唐书·艺文志》载："及还京师，迁书东宫丽正殿，置修书院于著作院。"开元十年（722年），兵部尚书张说为丽正殿修书使，掌儒臣讲读事。**应制得林字**：奉皇帝的命令作诗，用"林"字韵。②**东壁**：《晋书·天文志上》："东壁二星，主文章，天下图书之祕府也。"因以称后宫藏书之所。**图书府**：即丽正殿书院。**西园**：在河南省临漳县邺县旧治北，传为曹操所建。③**易**：即《易经》。**天心**：上天的心意。④**位窃**：意思是窃居高位。自谦之语。**和羹**：比喻大臣辅助国君，和心合力，治理国政。**叨**：承受。⑤**载**：乃。**春兴曲**：充满春意、生机勃勃的歌曲，指本诗。**竭**：尽。**知音**：这里指君主的知遇。

西园雅集图（局部） 宋·马 远

送友人
sòng yǒu rén

188

唐·李白
táng lǐ bái

qīng shān héng běi guō　　bái shuǐ rào dōng chéng
青山横北郭，白水绕东城。①

cǐ dì yī wéi bié　　gū péng wàn lǐ zhēng
此地一为别，孤蓬万里征。②

fú yún yóu zǐ yì　　luò rì gù rén qíng
浮云游子意，落日故人情。③

huī shǒu zì zī qù　　xiāo xiāo bān mǎ míng
挥手自兹去，萧萧班马鸣。④

注释：①郭：外城，在城外加筑的一道城墙。②蓬：草名。多年生草本植物，花白色，叶似柳叶，子实有毛。③游子：离家远游的人。④兹：原作"知"，今据别本改。兹，指示代词，这，此。萧萧：象声词，马的嘶叫声。班马：离群之马。

秋山图　清·王鉴

189

sòng yǒu rén rù shǔ
送友人入蜀

táng lǐ bái
唐·李 白

jiàn shuō cán cóng lù　　qí qū bù yì xíng
见说蚕丛路，崎岖不易行。①

shān cóng rén miàn qǐ　　yún bàng mǎ tóu shēng
山从人面起，云傍马头生。

fāng shù lǒng qín zhàn　　chūn liú rào shǔ chéng
芳树笼秦栈，春流绕蜀城。②

shēng chén yīng yǐ dìng　　bù bì wèn jūn píng
升沉应已定，不必问君平。③

注释：①见说：听说。蚕丛：传说中蜀国最早的君王。②秦栈：即栈道。因是自秦入蜀必经之地，故曰秦栈。③升沉：登进和沦落。旧时指宦途得失进退或际遇的幸与不幸。君平：汉代高士严遵的字。隐居不仕，曾卖卜于成都。

《仿宋元山水图》之《行路难》 明·沈士充

190

cì běi gù shān xià
次北固山下①

táng wáng wān
唐·王湾

kè lù qīng shān wài　　xíng zhōu lǜ shuǐ qián
客路青山外，行舟绿水前。②

cháo píng liǎng àn kuò　　fēng zhèng yī fān xuán
潮平两岸阔，风正一帆悬。③

hǎi rì shēng cán yè　　jiāng chūn rù jiù nián
海日生残夜，江春入旧年。

xiāng shū hé chù dá　　guī yàn luò yáng biān
乡书何处达，归雁洛阳边。④

注释：①次：出外远行路上临时驻扎和住宿，这里指船停泊。北固山：在今江苏省镇江市东北，有南、中、北三峰，北峰三面临江，形势险要。②客路：指旅途。青山：指北固山。③潮平：指潮水涨至最高水位。风正：指风很顺，不猛烈。④乡书：家信。

北固山图 清·王鉴

191

sū shì bié yè
苏氏别业

táng · zǔ yǒng
唐·祖咏

bié yè jū yōu chù　　dào lái shēng yǐn xīn
别业居幽处，到来生隐心。①

nán shān dāng hù yǒu　　fēng shuǐ yìng yuán lín
南山当户牖，沣水映园林。②

zhú fù jīng dōng xuě　　tíng hūn wèi xī yīn
竹覆经冬雪，庭昏未夕阴。③

liáo liáo rén jìng wài　　xián zuò tīng chūn qín
寥寥人境外，闲坐听春禽。④

注释：①隐心：隐居山林的念头。②当：正对。户牖：窗户。沣水：水名，即今陕西省西安市西面的沣河，发源于秦岭，北注渭水。③覆：盖。未夕：未到黄昏。阴：这里指阴暗。④寥寥：稀少，冷落。人境：人间。春禽：春天的鸟。

芳洲图　清·王翚

192

chūn sù zuǒ shěng

春宿左省①

táng dù fǔ
唐·杜甫

huā yǐn yè yuán mù　　jiū jiū qī niǎo guò
花隐掖垣暮，啾啾栖鸟过。②

xīng lín wàn hù dòng　　yuè bàng jiǔ xiāo duō
星临万户动，月傍九霄多。③

bù qǐn tīng jīn yào　　yīn fēng xiǎng yù kē
不寝听金钥，因风想玉珂。④

míng zhāo yǒu fēng shì　　shuò wèn yè rú hé
明朝有封事，数问夜如何？⑤

注释：①左省：唐中央官署名，门下省的别称。门下省在殿庑之左，故称。②掖垣：皇宫的旁垣。栖鸟：归巢的鸟。③动：这里指闪动。九霄：天的最高处。此处指皇宫。④金钥：这里指宫门开锁的声音。玉珂：马笼头上的玉制的装饰物。⑤封事：古代臣下奏事，用袋密封以防泄漏。数：屡次。

春宿左省诗意图　清·马骀

193

题玄武禅师屋壁

táng dù fǔ
唐·杜 甫

hé nián gù hǔ tóu　　mǎn bì huà cāng zhōu
何年顾虎头，满壁画沧州。①

chì rì shí lín qì　　qīng tiān jiāng hǎi liú
赤日石林气，青天江海流。②

xī fēi cháng jìn hè　　bēi dù bù jīng ōu
锡飞常近鹤，杯渡不惊鸥。③

sì dé lú shān lù　　zhēn suí huì yuǎn yóu
似得庐山路，真随惠远游。④

注释：①**顾虎头**：即东晋时著名画家顾恺之，虎头是其小字。**沧州**：滨水的地方，古时常用来指隐士所居之处。②**石林**：山石和树林。③**锡飞**：指僧人出行。**杯渡**：晋宋时的僧人，不知姓名。传说其常乘木杯渡水，故以杯渡为名，后因以称僧人出行。④**惠远**：这里指庐山高僧慧远。

唐人诗意图　明·《唐诗画谱》

终南山^①

zhōng nán shān

táng wáng wéi
唐·王维

太乙近天都，连山到海隅。^②
tài yǐ jìn tiān dū　　lián shān dào hǎi yú

白云回望合，青霭入看无。^③
bái yún huí wàng hé　　qīng ǎi rù kàn wú

分野中峰变，阴晴众壑殊。^④
fēn yě zhōng fēng biàn　　yīn qíng zhòng hè shū

欲投何处宿，隔水问樵夫。^⑤
yù tóu hé chù sù　　gé shuǐ wèn qiáo fū

注释：①终南山：山名，在今陕西西安南。②太乙：即太乙山，是终南山的主峰。天都：神话传说中天帝所居之都。海隅：海边，沿海地区。③青霭：青色的云气。④分野：与星次相对的地域。古天文学家将天上的星宿分为十二星次，并与地州国所在地域相对应，天上的星空区域叫分星，与之相对应的地域叫分野，并以天上星宿的变化，预兆地上的吉凶。壑：坑谷，深沟。⑤投：找。何处：一作"人处"。宿：住宿过夜。樵夫：打柴的人。

王维诗意图之终南山　明·项圣谟

195

寄左省杜拾遗①

jì zuǒ shěng dù shí yí

唐·岑参
táng cén shēn

联步趋丹陛，分曹限紫薇。②
lián bù qū dān bì　fēn cáo xiàn zǐ wēi

晓随天仗入，暮惹御香归。③
xiǎo suí tiān zhàng rù　mù rě yù xiāng guī

白发悲花落，青云羡鸟飞。
bái fà bēi huā luò　qīng yún xiàn niǎo fēi

圣朝无阙事，自觉谏书稀。④
shèng cháo wú quē shì　zì jué jiàn shū xī

注释：①**左省**：又称左曹、东省，即门下省。**杜拾遗**：即杜甫。当时杜甫为门下省左拾遗，岑参为中书省右补阙。②**联步**：同行。**趋**：小步快走。**丹陛**：宫殿的台阶，借指朝廷或皇帝。**分曹**：犹今之分部门，分科。**限**：动词，（被）隔开。③**天仗**：宫廷仪卫，礼仪官。**惹**：沾。**御香**：宫廷朝会时，殿院中均设炉燃香。④**阙**：通"缺"，指遗漏、失误。**谏书**：进谏的奏章。**稀**：减少。

岁朝图　明·周文靖

196

dēng zǒng chí gé
登总持阁①

táng cén shēn
唐·岑 参

gāo gé bī zhū tiān　　dēng lín jìn rì biān
高阁逼诸天，登临近日边。

qíng kāi wàn jǐng shù　　chóu kàn wǔ líng yān
晴开万井树，愁看五陵烟。②

jiàn wài dī qín lǐng　　chuāng zhōng xiǎo wèi chuān
槛外低秦岭，窗中小渭川。③

zǎo zhī qīng jìng lǐ　　cháng yuàn fèng jīn xiān
早知清净理，常愿奉金仙。④

注释：①**总持阁**：阁名，指总持寺之阁。总持寺，为隋代所建，位于长安城西南隅永阳坊西半部，原名大禅定寺，唐高祖武德元年（618年）改名为总持寺。②**逼**：迫近。**万井**：犹言千家万户。③**槛**：栏杆。**渭川**：即渭水。亦泛指渭水流域。④**清净**：佛家语。指远离恶行与烦恼。**奉**：供奉。**金仙**：用黄金或黄铜制成的释迦牟尼像。

唐人诗意图　明·《唐诗画谱》

197

dēng yǎn zhōu chéng lóu
登兖州城楼①

táng dù fǔ
唐·杜甫

dōng jùn qū tíng rì　　nán lóu zòng mù chū
东郡趋庭日，南楼纵目初。②

fú yún lián hǎi dài　　píng yě rù qīng xú
浮云连海岱，平野入青徐。③

gū zhàng qín bēi zài　　huāng chéng lǔ diàn yú
孤嶂秦碑在，荒城鲁殿馀。④

cóng lái duō gǔ yì　　lín tiào dú chóu chú
从来多古意，临眺独踌躇。⑤

注释：①兖州：唐州名，今属山东。②东郡：这里指兖州。趋庭：《论语·季氏》："(孔子)尝独立，鲤趋而过庭。曰：'学诗乎？'对曰：'未也。''不学诗，无以言。'鲤退而学诗"。鲤，孔子之子伯鱼，后因以此为承受父教的代称。这里指杜甫去兖州探望父亲。南楼：此指兖州城楼。纵目：放眼远望。③岱：指泰山。平野：广阔的平地。青徐：青州和徐州。"徐"，原本误作"条"，此据别本改。④孤嶂：指峄山，又名邹山，在今天的山东省邹县东南。秦碑：秦始皇登峄山时所刻的石碑，以颂秦德，相传为李斯所书。荒城：指曲阜故城。鲁殿：指鲁灵光殿，为汉景帝之子鲁共王所建，在曲阜故城内。馀：剩余。⑤古意：此指古迹。踌躇：徘徊不前，这里形容感慨沉吟的样子。

西风匹马荒城路图　清·钱吉生

198

sòng dù shào fǔ zhī rèn shǔ zhōu
送杜少府之任蜀州①

táng wáng bó
唐·王勃

chéng què fǔ sān qín　　fēng yān wàng wǔ jīn
城阙辅三秦，风烟望五津。②

yǔ jūn lí bié yì　　tóng shì huàn yóu rén
与君离别意，同是宦游人。③

hǎi nèi cún zhī jǐ　　tiān yá ruò bǐ lín
海内存知己，天涯若比邻。④

wú wéi zài qí lù　　ér nǚ gòng zhān jīn
无为在歧路，儿女共沾巾。⑤

注释：①诗题中"送"字原缺，今据别本补。**蜀州**：治所在今四川崇州市。②**城阙**：泛指官阙，京城。**三秦**：地名，指长安城附近的关中之地。**五津**：指岷江上的五个渡口，白华津、万里津、江首津、涉头津和江南津，这里代指蜀地。③**宦游人**：外出求官或做官的人。④**海内**：四海之内，指整个天下。**天涯**：天的尽头。**比邻**：并邻、近邻。⑤**歧路**：岔路。

京江送别图　明·沈　周

199

sòng cuī róng
送 崔 融①

táng dù shěn yán
唐·杜审言

jūn wáng xíng chū jiàng   shū jì yuǎn cóng zhēng
君王行出将，书记远从征。②

zǔ zhàng lián hé què   jūn huī dòng luò chéng
祖帐连河阙，军麾动洛城。③

jīng qí zhāo shuò qì   jiā chuī yè biān shēng
旌旗朝朔气，笳吹夜边声。④

zuò jué yān chén shǎo   qiū fēng gǔ běi píng
坐觉烟尘少，秋风古北平。⑤

注释：①崔融：字安成，曾任崇文馆学士、国子司业等职，与杜审言、李峤、苏味道合称为"文章四友"，其文风格婉约。作者写此诗是送崔融随主将出征。②行：即将。出将：任命大将出征。③祖帐：为人饯行而设的帷帐。麾：旗帜。④旌旗：军旗，或指代出征的大军。朔气：北风。边声：边地声响。⑤坐觉：顿时觉得，说明时间之短。烟尘：尘土，这里比喻战争。北平：泛指北方的边塞地区。

送崔融诗意图　清·佚 名

200

扈从登封途中作①

唐·宋之问

zhàng diàn yù cuī wéi　　xiān yóu shí zhuàng zāi
帐殿郁崔嵬，仙游实壮哉。②

xiǎo yún lián mù juǎn　　yè huǒ zá xīng huí
晓云连幕卷，夜火杂星回。③

gǔ àn qiān qí chū　　shān míng wàn shèng lái
谷暗千旗出，山鸣万乘来。④

hù yóu liáng kě fù　　zhōng fá yàn tiān cái
扈游良可赋，终乏掞天才。⑤

注释：①扈从：皇帝出巡时的护驾侍从人员。②帐殿：古代帝王出行，休息时以帐幕为行宫。郁：盛大。崔嵬：高耸的样子。仙游：像神仙一样出游。③杂：夹杂。回：这里指运转。④万乘：万辆兵车，极言车辆之多。⑤掞天：光芒耀天。掞：通"焰"，照耀。

围猎聚餐图　清·郎世宁

213

(201)

tí yì gōng chán fáng
题义公禅房①

táng mèng hào rán
唐·孟浩然

yì gōng xí chán jì　　jié yǔ yī kōng lín
义公习禅寂，结宇依空林。②

hù wài yī fēng xiù　　jiē qián zhòng hè shēn
户外一峰秀，阶前众壑深。

xī yáng lián yǔ zú　　kōng cuì luò tíng yīn
夕阳连雨足，空翠落庭阴。③

kàn qǔ lián huā jìng　　fāng zhī bù rǎn xīn
看取莲花净，方知不染心。④

注释：①义公：唐代的一位高僧。②禅寂：佛教清寂的环境。结宇：建造庙宇。空林：空寂的山林。③落：犹言映照。④看取：看到。方知：才知道。不染心：心地不为尘念所染。

嵩山草堂图　清·王　翚

202

zuì hòu zèng zhāng jiǔ xù
醉后赠张九旭①

táng gāo shì
唐·高适

shì shàng màn xiāng shí   cǐ wēng shū bù rán
世上漫相识，此翁殊不然。②

xìng lái shū zì shèng   zuì hòu yǔ yóu diān
兴来书自圣，醉后语尤颠。③

bái fà lǎo xián shì   qīng yún zài mù qián
白髪老闲事，青云在目前。④

chuáng tóu yī hú jiǔ   néng gèng jǐ huí mián
床头一壶酒，能更几回眠？

注释：①**张九旭**：即张旭，排行第九，字伯高，唐代吴郡人，生卒年不详。初为常熟尉，后任金吾长史，世称张长史，唐代著名的书法家，人称草圣。玄宗时，李白诗歌、裴旻剑舞、张旭草书号为"三绝"。②**漫**：随便地，不拘形式地。**殊不然**：根本不是这样。③**兴来**：兴致来了。**书**：书写文字。**自圣**：自然超凡入圣。**颠**：通"癫"，发狂。④**老**：总是，只是。**青云**：青云直上，比喻高官显爵，这里指唐玄宗诏张旭为书学博士一事。

《饮中八仙》之《张旭图》 清·吴友如

203

玉 台 观①
yù tái guàn

唐·杜甫
táng dù fǔ

hào jié yīn wáng zào　píng tái fǎng gǔ yóu
浩劫因王造，平台访古游。②

cǎi yún xiāo shǐ zhù　wén zì lǔ gōng liú
彩云萧史驻，文字鲁恭留。③

gōng què tōng qún dì　qián kūn dào shí zhōu
宫阙通群帝，乾坤到十洲。④

rén chuán yǒu shēng hè　shí guò běi shān tóu
人传有笙鹤，时过北山头。⑤

注释：①玉台观：在阆州（今四川阆中），是唐高祖之子滕王李元婴任洪州刺史时所建。②浩劫：佛塔的层级。一说指不朽的功业。王：指修建玉台观的滕王。③萧史：传说为春秋时期的人，善吹箫，作凤鸣。秦穆公把女儿弄玉嫁给他，一夕吹箫引凤与弄玉共升天而去。鲁恭：即鲁恭王，是汉景帝第五子。鲁恭王曾破孔子旧宅，得《古文尚书》。此用旧典，比喻滕王的手迹像珍本古书那样珍贵。④群帝：指五方天帝。十洲：据《十洲记》记载，大海之中有十洲，即祖洲、瀛洲、玄洲、长洲、元洲、凤麟洲、聚窟洲等，都是传说中的仙境。⑤笙鹤：指仙人骑的仙鹤。

《人物故事图》之《凤凰来仪》　明·仇　英

204 观李固请司马弟山水图①

guān lǐ gù qǐng sī mǎ dì shān shuǐ tú

唐·杜甫

fāng zhàng hún lián shuǐ　tiān tái zǒng yìng yún
方丈浑连水，天台总映云。②

rén jiān cháng jiàn huà　lǎo qù hèn kōng wén
人间长见画，老去恨空闻。③

fàn lǐ zhōu piān xiǎo　wáng qiáo hè bù qún
范蠡舟偏小，王乔鹤不群。④

cǐ shēng suí wàn wù　hé chù chū chén fēn
此生随万物，何处出尘氛。⑤

注释：①原本题为《观李固言司马题山水图》，今据别本改。该题共三首，此为第二首。李固：杜甫的朋友，家住成都，其他不详。司马弟：杜甫的表弟王十五，那时任司马之职，故称。②方丈：传说中的仙山。《史记·秦始皇本纪》："齐人徐市等上书，言海中有三神山，名曰蓬莱、方丈、瀛州，仙人居之。"浑：浑然，完全。天台：山名，在浙江东部，山上多古寺，是我国佛教天台宗的发源地。③恨：遗憾，怨恨。空闻：只听说而没有实际接触。④范蠡：春秋时越国大夫，助勾践灭吴后，泛舟太湖，不知所向。王乔：即王子乔，古代传说中的仙人，能驾鹤而行。⑤尘氛：尘世，指现实世界。

题画图　明·《唐诗画谱》

205

旅夜书怀
lǚ yè shū huái

唐·杜甫
táng dù fǔ

细草微风岸，危樯独夜舟。①
xì cǎo wēi fēng àn　wēi qiáng dú yè zhōu

星垂平野阔，月涌大江流。②
xīng chuí píng yě kuò　yuè yǒng dà jiāng liú

名岂文章著，官应老病休。③
míng qǐ wén zhāng zhù　guān yīng lǎo bìng xiū

飘飘何所似？天地一沙鸥。④
piāo piāo hé suǒ sì　tiān dì yī shā ōu

注释：①樯：桅杆。②垂：原作"随"，今据别本改。悬挂。③岂：难道是。著：著名，著称。应：原作"因"，今据别本改。老病：年老多病。休：停止，免职。④飘飘：漂泊。

《金陵十八景图》之《石头城》　明·文伯仁

dēng yuè yáng lóu
登岳阳楼①

táng dù fǔ
唐·杜甫

xī wén dòng tíng shuǐ　　jīn shàng yuè yáng lóu
昔闻洞庭水，今上岳阳楼。②

wú chǔ dōng nán chè　　qián kūn rì yè fú
吴楚东南坼，乾坤日夜浮。③

qīn péng wú yí zì　　lǎo bìng yǒu gū zhōu
亲朋无一字，老病有孤舟。④

róng mǎ guān shān běi　　píng xuān tì sì liú
戎马关山北，凭轩涕泗流。⑤

注释：①**岳阳楼**：唐代张说建造，为岳州巴陵县（今湖南岳阳）城西门楼，位于洞庭湖东北，下临洞庭湖。②**洞庭**：即洞庭湖，在湖南省东北部。③**坼**：裂开，分开。**乾坤**：天地。④**无一字**：指没有任何书信往来。⑤**戎马**：军事、战事。唐代宗大历三年（768年），吐蕃屡次从西北方向入侵，郭子仪领兵五万驻守奉天（今陕西省乾县）。**凭轩**：倚窗。**涕泗**：眼泪与鼻涕。

登岳阳楼图　清·马骀

207

jiāng nán lǚ qíng
江南旅情

táng zǔ yǒng
唐·祖咏

chǔ shān bù kě jí　guī lù dàn xiāo tiáo
楚山不可极，归路但萧条。①

hǎi sè qíng kàn yǔ　jiāng shēng yè tīng cháo
海色晴看雨，江声夜听潮。②

jiàn liú nán dǒu jìn　shū jì běi fēng yáo
剑留南斗近，书寄北风遥。③

wèi bào kōng tán jú　wú méi jì luò qiáo
为报空潭橘，无媒寄洛桥。④

注释：①**楚山**：古时吴、楚两地相接，故其附近的山叫楚山。**极**：尽头。**但**：却、只。**萧条**：寂寥，冷落。②**海色**：海上的景色。③**南斗**：即"斗宿"，与北斗相对来说位置在南，古人认为天上的南斗星正好与吴地相对应。④**空**：这里指空有，徒有。**潭橘**：地名，在今湖南省，其地盛产橘子。**媒**：指捎信和送东西的人。**洛桥**：洛水上的浮桥，这里借指诗人的故乡洛阳。

仿巨然楚山欲雨图　清·王翚

208

宿龙兴寺①
sù lóng xīng sì

唐·綦毋潜
táng qí wú qián

香刹夜忘归，松清古殿扉。②
xiāng chà yè wàng guī sōng qīng gǔ diàn fēi

灯明方丈室，珠系比丘衣。③
dēng míng fāng zhàng shì zhū xì bǐ qiū yī

白日传心净，青莲喻法微。④
bái rì chuán xīn jìng qīng lián yù fǎ wēi

天花落不尽，处处鸟衔飞。⑤
tiān huā luò bú jìn chù chù niǎo xián fēi

注释：①龙兴寺：佛寺名，坐落在四川省彭州市城北口，始建于东晋，初名大空寺，武则天天授二年（691年）更名大云寺。唐玄宗开元六年（718年）诏号龙兴寺。②刹：寺庙。扉：门。③方丈室：指寺院住持的居室。珠：僧人挂的念珠。比丘：和尚。④心净：心无杂念。青莲：青色莲花，佛教中认为莲花清净无染，常用来指称和佛教有关的事物，这里指佛经。⑤天花：天女散下花朵。

溪亭逸思图（局部） 明·谢时臣

209 pò shān sì hòu chán yuàn
破山寺后禅院①

táng cháng jiàn
唐·常建

qīng chén rù gǔ sì　　chū rì zhào gāo lín
清晨入古寺，初日照高林。

qū jìng tōng yōu chù　　chán fáng huā mù shēn
曲径通幽处，禅房花木深。②

shān guāng yuè niǎo xìng　　tán yǐng kòng rén xīn
山光悦鸟性，潭影空人心。③

wàn lài cǐ jù jì　　wéi wén zhōng qìng yīn
万籁此俱寂，惟闻钟磬音。④

注释：①此题一作《题破山寺后禅院》。**破山寺**：又名兴福寺，在今江苏省常熟市虞山北麓。②**曲径**：弯弯曲曲的小路。③**潭影**：水中山光天色的倒影。**空**：使空旷。④**万籁**：自然界的各种响声。**惟闻**：一作"但馀"。**钟磬**：和尚念诵经文时使用的乐器。

溪亭逸思图（局部）　明·谢时臣

210

题松汀驿①

táng · zhāng hù

唐·张祜

shān sè yuǎn hán kōng　　cāng máng zé guó dōng
山色远含空，苍茫泽国东。②

hǎi míng xiān jiàn rì　　jiāng bái jiǒng wén fēng
海明先见日，江白迥闻风。

niǎo dào gāo yuán qù　　rén yān xiǎo jìng tōng
鸟道高原去，人烟小径通。③

nǎ zhī jiù yí yì　　bù zài wǔ hú zhōng
那知旧遗逸，不在五湖中。④

注释：①松汀驿：在今江苏太湖一带。驿，驿站，古时供邮差、出差官员等中途换马或暂住的地方。②含空：指和天空相接。苍茫：旷远迷茫的样子。泽国：指多水的地区，水乡。③鸟道：指狭窄的道路。④那：哪。遗逸：隐士。

渔村晚渡图 清·王翚

223

211

shèng guǒ sì
圣果寺①

táng shì chǔ mò
唐·释处默

lù zì zhōng fēng shàng　　pán huí chū bì luó
路自中峰上，盘回出薜萝。②

dào jiāng wú dì jìn　　gé àn yuè shān duō
到江吴地尽，隔岸越山多。③

gǔ mù cóng qīng ǎi　　yáo tiān jìn bái bō
古木丛青霭，遥天浸白波。④

xià fāng chéng guō jìn　　zhōng qìng zá shēng gē
下方城郭近，钟磬杂笙歌。⑤

注释：①**圣果寺：**寺名，在今浙江省杭州城南的凤凰山上。②**中峰：**位于中央的主峰。**盘回：**盘旋曲折。**薜萝：**薜荔与女萝两种植物的简称。③**江：**指钱塘江。④**白波：**白色的波浪。⑤**城郭：**城墙。**城：**指内城的墙。**郭：**指外城的墙。

青绿山水图　　清·吕焕成

野望
yě wàng

táng · wàng jì
唐·王绩

dōng gāo bó mù wàng　xǐ yǐ yù hé yī
东皋薄暮望，徙倚欲何依？①

shù shù jiē qiū sè　shān shān wéi luò huī
树树皆秋色，山山惟落晖。②

mù rén qū dú fǎn　liè mǎ dài qín guī
牧人驱犊返，猎马带禽归。

xiāng gù wú xiāng shí　cháng gē huái cǎi wēi
相顾无相识，长歌怀采薇。③

注释：①**东皋**：在今山西河津东皋村，诗人隐居之地。**薄暮**：傍晚，日将落时。**徙倚**：徘徊，逡巡。②**落晖**：夕阳，夕照。③**采薇**：据《史记·伯夷列传》载，周武王灭殷之后，"伯夷、叔齐耻之，义不食周粟，隐于首阳山，采薇而食之"。后以"采薇"指归隐或隐遁的生活，这里表达了作者隐居的决心。

关山勒马图　清·华喦

213 <ruby>送<rt>sòng</rt></ruby><ruby>别<rt>bié</rt></ruby><ruby>崔<rt>cuī</rt></ruby><ruby>著<rt>zhù</rt></ruby><ruby>作<rt>zuò</rt></ruby><ruby>东<rt>dōng</rt></ruby><ruby>征<rt>zhēng</rt></ruby>①

<ruby>唐<rt>táng</rt></ruby>·<ruby>陈<rt>chén</rt></ruby><ruby>子<rt>zǐ</rt></ruby><ruby>昂<rt>áng</rt></ruby>

<ruby>金<rt>jīn</rt></ruby><ruby>天<rt>tiān</rt></ruby><ruby>方<rt>fāng</rt></ruby><ruby>肃<rt>sù</rt></ruby><ruby>杀<rt>shā</rt></ruby>，<ruby>白<rt>bái</rt></ruby><ruby>露<rt>lù</rt></ruby><ruby>始<rt>shǐ</rt></ruby><ruby>专<rt>zhuān</rt></ruby><ruby>征<rt>zhēng</rt></ruby>。②

<ruby>王<rt>wáng</rt></ruby><ruby>师<rt>shī</rt></ruby><ruby>非<rt>fēi</rt></ruby><ruby>乐<rt>lè</rt></ruby><ruby>战<rt>zhàn</rt></ruby>，<ruby>之<rt>zhī</rt></ruby><ruby>子<rt>zǐ</rt></ruby><ruby>慎<rt>shèn</rt></ruby><ruby>佳<rt>jiā</rt></ruby><ruby>兵<rt>bīng</rt></ruby>。③

<ruby>海<rt>hǎi</rt></ruby><ruby>气<rt>qì</rt></ruby><ruby>侵<rt>qīn</rt></ruby><ruby>南<rt>nán</rt></ruby><ruby>部<rt>bù</rt></ruby>，<ruby>边<rt>biān</rt></ruby><ruby>风<rt>fēng</rt></ruby><ruby>扫<rt>sǎo</rt></ruby><ruby>北<rt>běi</rt></ruby><ruby>平<rt>píng</rt></ruby>。④

<ruby>莫<rt>mò</rt></ruby><ruby>卖<rt>mài</rt></ruby><ruby>卢<rt>lú</rt></ruby><ruby>龙<rt>lóng</rt></ruby><ruby>塞<rt>sài</rt></ruby>，<ruby>归<rt>guī</rt></ruby><ruby>邀<rt>yāo</rt></ruby><ruby>麟<rt>lín</rt></ruby><ruby>阁<rt>gé</rt></ruby><ruby>名<rt>míng</rt></ruby>。⑤

注释：①诗题一作《送著作佐郎崔融等从梁王东征》。**崔著作**：指崔融。著作，官名，掌管书记之职。**东征**：万岁通天元年（696年）五月，崔融等人随从梁王武三思讨伐契丹。②**金天**：指秋天。**肃杀**：严酷萧瑟的样子。多用以形容深秋或冬季的天气和景色。**白露**：节气名，秋季中的第三个节气。**征**：指经皇帝特许，自行出兵征伐。③**乐战**：好战。**之子**：这里指率军出征的将帅。**佳兵**：本指坚甲利兵。这里指好用兵。④**海气**：指瀚海之气。**边风**：边地的风。⑤**卢龙塞**：故址在今河北遵化西北，这里泛指边塞之地。卢照邻诗《和吴侍御被使燕然》云："春归龙塞北，骑指雁门垂。"**麟阁**：麒麟阁，内有功臣图以表彰其功勋。

北楼图　明·《唐诗画谱》

214 携妓纳凉晚际遇雨·其一
xié jì nà liáng wǎn jì yù yǔ qí yī

唐·杜甫
táng dù fǔ

落日放船好，轻风生浪迟。①
luò rì fàng chuán hǎo　qīng fēng shēng làng chí

竹深留客处，荷净纳凉时。
zhú shēn liú kè chù　hé jìng nà liáng shí

公子调冰水，佳人雪藕丝。②
gōng zǐ tiáo bīng shuǐ　jiā rén xuě ǒu sī

片云头上黑，应是雨催诗。
piàn yún tóu shàng hēi　yīng shì yǔ cuī shī

注释：①放船：行船。②佳人：这里指陪游的歌妓。雪藕丝：指雪白的藕丝。

莲塘纳凉图　清·金廷标

215 携妓纳凉晚际遇雨·其二

唐·杜 甫

雨来沾席上，风急打船头。

越女红裙湿，燕姬翠黛愁。①

缆侵堤柳系，慢卷浪花浮。②

归路翻萧飒，陂塘五月秋。③

注释： ①**越女、燕姬：** 泛指陪游的歌妓。**翠黛：** 古代女子用螺黛（一种青黑色矿物颜料）画眉，故称美人之眉为"翠黛"。②**缆：** 系船的绳索。**侵：** 迫近，靠近。③**翻：** 反而。**萧飒：** 指秋风声。**陂塘：** 池塘，这里指丈八沟，携妓纳凉之处。

仕女图之荷净纳凉　清·胡锡珪

216

sù yún mén sì gé
宿云门寺阁^①

táng · sūn tì
唐·孙逖

xiāng gé dōng shān xià　　yān huā xiàng wài yōu
香阁东山下，烟花象外幽。^②

xuán dēng qiān zhàng xī　　juǎn màn wǔ hú qiū
悬灯千嶂夕，卷幔五湖秋。^③

huà bì yú hóng yàn　　shā chuāng sù dǒu niú
画壁馀鸿雁，纱窗宿斗牛。^④

gèng yí tiān lù jìn　　mèng yǔ bái yún yóu
更疑天路近，梦与白云游。

注释：①云门寺：寺名，在今浙江省绍兴市云门山上。②烟花：美好的景色。象外：指人世之外的自然环境。③嶂：高而险峻的山峰。④斗牛：二十八宿中的斗宿和牛宿。

秋树昏鸦图 清·王翚

217

qiū dēng xuān chéng xiè tiǎo běi lóu
秋登宣城谢朓北楼①

táng lǐ bái
唐·李白

jiāng chéng rú huà lǐ　　shān wǎn wàng qíng kōng
江城如画里，山晚望晴空。②

liǎng shuǐ jiā míng jìng　　shuāng qiáo luò cǎi hóng
两水夹明镜，双桥落彩虹。③

rén yān hán jú yòu　　qiū sè lǎo wú tóng
人烟寒橘柚，秋色老梧桐。④

shuí niàn běi lóu shàng　　lín fēng huái xiè gōng
谁念北楼上，临风怀谢公？

注释：①宣城：在今安徽省。**谢朓北楼**：南朝诗人谢朓任宣城太守时所建，在宣城陵阳山山顶，又称谢公楼。谢朓，字玄晖，曾任宣城太守，人称"谢宣城"。其诗歌创作的主要成就是发展了山水诗，风格清新淡雅。②**江城**：指宣城。因城三面临河，故称为江城。③**两水**：指绕城而流的宛溪和句溪。**双桥**：坐落在溪水上的凤凰桥和济川桥。④**人烟**：指村落。**橘柚**：植物名，橘树和柚子树。

秋登宣城谢朓北楼　明·项圣谟

218

lín dòng tíng shàng zhāng chéng xiàng
临洞庭上张丞相

táng mèng hào rán
唐·孟浩然

bā yuè hú shuǐ píng　　hán xū hùn tài qīng
八月湖水平，涵虚混太清。①

qì zhēng yún mèng zé　　bō hàn yuè yáng chéng
气蒸云梦泽，波撼岳阳城。②

yù jì wú zhōu jí　　duān jū chǐ shèng míng
欲济无舟楫，端居耻圣明。③

zuò guān chuí diào zhě　　tú yǒu xiàn yú qíng
坐观垂钓者，徒有羡鱼情。④

注释：①涵虚：指天空倒映在水中。太清：指天空。②气蒸：水汽蒸腾。云梦泽：指云泽和梦泽这两片沼泽地，指湖北南部、湖南北部的低洼地区。③济：渡。舟楫：船和桨，泛指船只。端居：安居，闲居。耻：有愧于。④徒有：空有。

渔乐图 明·吴伟

231

过香积寺^①

guò xiāng jī sì

唐·王维

táng wáng wéi

不知香积寺，数里入云峰。
bù zhī xiāng jī sì　　shù lǐ rù yún fēng

古木无人径，深山何处钟。
gǔ mù wú rén jìng　　shēn shān hé chù zhōng

泉声咽危石，日色冷青松。^②
quán shēng yè wēi shí　　rì sè lěng qīng sōng

薄暮空潭曲，安禅制毒龙。^③
bó mù kōng tán qū　　ān chán zhì dú lóng

注释： ①**过：**访问。**香积寺：**古寺名，故址在今陕西省西安市南，是佛教全盛时期建立的诸多名刹之一，也是我国佛教净土宗正式创立后的第一个道场。②**咽：**这里指泉水受到岩石的堵塞而发出低沉的声音。**危石：**高大的岩石。③**薄暮：**傍晚，日将落时。**曲：**水边。**安禅：**佛教语，指静坐入定，俗称打坐。**毒龙：**佛教中比喻非分的想法和欲望。

王维诗意图　明·项圣谟

220

^{sòng zhèng shì yù zhé mǐn zhōng}
送郑侍御谪闽中①

^{táng gāo shì}
唐·高 适

zhé qù jūn wú hèn　　mǐn zhōng wǒ jiù guò
谪去君无恨，闽中我旧过。②

dà dū qiū yàn shǎo　　zhǐ shì yè yuán duō
大都秋雁少，只是夜猿多。③

dōng lù yún shān hé　　nán tiān zhàng lì hé
东路云山合，南天瘴疠和。④

zì dāng féng yǔ lù　　xíng yǐ shèn fēng bō
自当逢雨露，行矣慎风波。⑤

注释：①侍御：唐代称殿中侍御史、监察御史为侍御。谪：贬官降职或流放。②无恨：不要抱怨。闽中：古郡名，在今福建省福州市。旧过：以前到过。③大都：大概，大凡。④东路：由长安到闽中的路线。瘴疠：感受瘴气而生的疾病。⑤自当：定会。雨露：代指皇帝的恩泽，恩惠。慎：原作"顺"，今据别本改。风波：比喻动乱或纷乱。

感怀图　明·《唐诗画谱》

(221)

qín zhōu zá shī
秦州杂诗①

táng dù fǔ
唐·杜甫

fèng lín gē wèi xī　　　yú hǎi lù cháng nán
凤林戈未息，鱼海路常难。②

hòu huǒ yún fēng jùn　　xuán jūn mù jǐng gān
候火云峰峻，悬军幕井干。③

fēng lián xī jí dòng　　yuè guò běi tíng hán
风连西极动，月过北庭寒。④

gù lǎo sī fēi jiàng　　hé shí yì zhù tán
故老思飞将，何时议筑坛？⑤

注释：①秦州：在今甘肃天水。②凤：原作"风"，今据别本改。凤林：即林关，故址在今天的甘肃省临夏县西。戈：兵器。长柄横刃，可横击钩杀。这里代指战争。鱼海：湖泽名，又名鱼海子。在今内蒙古阿拉善右旗境。③候火：即"堠火"，古代瞭望台上用以报警的烽火。峰：原作"风"，今据别本改。悬军：指孤军深入敌人后方。幕井：军用的水井。④西极：西方边远之地。北庭：唐方镇名，属陇右道，治所在今新疆吉木萨尔县北的破城子。⑤飞将：即汉武帝时的"飞将军"李广。筑坛：建筑祭祀的坛场。

在军登城楼图　明·《唐诗画谱》

禹 庙①

唐·杜甫

禹庙空山里，秋风落日斜。
荒庭垂橘柚，古屋画龙蛇。
云气生虚壁，江声走白沙。
早知乘四载，疏凿控三巴。②

注释：①禹庙：后人为纪念大禹而建的祠庙，位于忠州临光县（今四川省忠县）。②四载：指古代的四种交通工具。三巴：巴郡、巴西、巴东的合称，相当于今天的重庆市嘉陵江和綦江流域以东的大部分地区。

放翁诗意图 清·王翚

223

望秦川①
wàng qín chuān

唐·李颀
táng lǐ qí

秦川朝望迥，日出正东峰。
qín chuān zhāo wàng jiǒng　　rì chū zhèng dōng fēng

远近山河净，逶迤城阙重。②
yuǎn jìn shān hé jìng　　wēi yí chéng què chóng

秋声万户竹，寒色五陵松。
qiū shēng wàn hù zhú　　hán sè wǔ líng sōng

有客归欤叹，凄其霜露浓。③
yǒu kè guī yú tàn　　qī qí shuāng lù nóng

注释：①秦川：古地名，泛指今陕西、甘肃秦岭以北的平原地带，因春秋战国时地属秦国
而得名。②净：清澈，明净。逶迤：形容道路、山河等弯曲延伸的样子。重：重
叠。③欤：语气助词，表感叹，无实义。凄其：形容伤感的样子。

秦川春色图　明·王文衡

224

同王征君洞庭有怀①
tóng wáng zhēng jūn dòng tíng yǒu huái

唐·张谓

八月洞庭秋，潇湘水北流。
bā yuè dòng tíng qiū　xiāo xiāng shuǐ běi liú

还家万里梦，为客五更愁。②
huán jiā wàn lǐ mèng　wéi kè wǔ gēng chóu

不用开书帙，偏宜上酒楼。③
bù yòng kāi shū zhì　piān yí shàng jiǔ lóu

故人京洛满，何日复同游？
gù rén jīng luò mǎn　hé rì fù tóng yóu

注释：①王征君：作者的友人。征君，旧称曾受朝廷聘而不肯就职的隐士。②为客：出外远游或在异地作官。③书帙：指书籍，书卷。偏宜：最应该。

《放翁诗意图》之《小阁卷帘》　清·王　翚

225

dù yáng zǐ jiāng
渡扬子江①

táng dīng xiān zhī
唐·丁仙芝

guì jí zhōng liú wàng　　kōng bō liǎng pàn míng
桂楫中流望，空波两畔明。②

lín kāi yáng zǐ yì　　shān chū rùn zhōu chéng
林开扬子驿，山出润州城。③

hǎi jìn biān yīn jìng　　jiāng hán shuò chuī shēng
海尽边阴静，江寒朔吹生。④

gèng wén fēng yè xià　　xī lì dù qiū shēng
更闻枫叶下，淅沥度秋声。⑤

注释：①扬子江：长江古时又称扬子江，此处指长江入海处一段。②桂楫：桂木船桨，这里指船。中流：江河中央；水中。空波：空旷清澈的水波。③扬子驿：驿站名，在扬子津（今江苏扬州市南）附近。润州城：位于今江苏省中部的镇江市，在长江下游南岸，北与扬州隔江相望。④边阴：指江边的水，江的南岸称阴。朔：这里指北风。⑤淅沥：象声词，细雨声或落叶声。度：送来，传来。

山水图　清·叶　欣

226

yōu zhōu yè yǐn

幽州夜饮①

táng zhāng yuè
唐·张 说

liáng fēng chuī yè yǔ　　xiāo sè dòng hán lín
凉风吹夜雨，萧瑟动寒林。

zhèng yǒu gāo táng yàn　　néng wàng chí mù xīn
正有高堂宴，能忘迟暮心？②

jūn zhōng yí jiàn wǔ　　sài shàng zhòng jiā yīn
军中宜剑舞，塞上重笳音。③

bù zuò biān chéng jiàng　　shuí zhī ēn yù shēn
不作边城将，谁知恩遇深！④

注释：①幽州：古郡名，治蓟，故址在今北京市西南。②迟暮：暮年，比喻衰老。③剑舞：古代军营中的一种娱乐方式，即挥剑起舞。塞上：边塞上。当时幽州是边防要塞。④边城将：当时作者任右羽林将军并幽州都督。恩遇：受人恩惠知遇。

秉烛夜游图　宋·马　麟